海外高层次人才
引进机制与对策研究

曲婷 著

聚焦当前我国海外高层次人才结构性短缺，
引进使用机制不健全，人才工作、生存压力大等现实问题

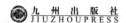
九州出版社
JIUZHOUPRESS

图书在版编目（CIP）数据

海外高层次人才引进机制与对策研究 / 曲婷著 . ——
北京：九州出版社，2023.7
ISBN 978-7-5225-2007-0

Ⅰ. ①海… Ⅱ. ①曲… Ⅲ. ①人才引进－研究－国外
Ⅳ. ① C962

中国国家版本馆 CIP 数据核字（2023）第 132547 号

海外高层次人才引进机制与对策研究

作　　者	曲　婷著	
责任编辑	王文湛	
出版发行	九州出版社	
地　　址	北京市西城区阜外大街甲 35 号（100037）	
发行电话	（010）68992190/3/5/6	
网　　址	www.jiuzhoupress.com	
印　　刷	廊坊市海涛印刷有限公司	
开　　本	710 毫米 ×1000 毫米　　16 开	
印　　张	13	
字　　数	201 千字	
版　　次	2023 年 7 月第 1 版	
印　　次	2023 年 7 月第 1 次印刷	
书　　号	ISBN 978-7-5225-2007-0	
定　　价	68.00 元	

前　言

　　党的二十大报告指出，要实施更加积极、更加开放、更加有效的人才政策，加快建设世界重要人才中心和创新高地。科技是第一生产力，人才是第一资源，创新是第一动力。当今世界正处于复杂多变的动荡时期，全球人才战略价值愈加凸显，人才供需矛盾不断加剧，各国都在争相出台新的人才吸引政策，以求在激烈的国际竞争中赢得一席之地。迈入新时代人才强国战略实施新征程，我国要想改变在关键核心技术上长期受制于人的被动局面，需要进一步推进更高水平的对外开放，聚天下英才而用之，通过进一步拓宽海外高层次人才智力吸引集聚、培养发展的范围和渠道，实现我国高水平科技自立自强。

　　聚焦当前我国海外高层次人才结构性短缺、引进使用机制不健全、人才工作、生存压力大等现实问题，本书首先对海外高层次人才的概念进行了界定，分析阐述了海外高层次人才引进的必要性，以及海外高层次人才引进与保持的安全保障；其次分析了海外高层次人才引进机制的构成、海外高层次人才引进的经验借鉴、海外高层次引进政策的创新机制与成效以及海外高层次人才评价体系的构建；最后对引进海外高层次人才的有效路径做了进一步探索，并提出了加大力度引进海外高层次人才的相关政策建议。

由于海外高层次人才这一主题的宏观性、政策性、复杂性、时效性，作者水平有限，从事相关研究时间不长，相关领域的学术素养还较薄弱，所以书中谬误之处自是难免，恳请大家不吝赐教。

目　录

第一章　海外高层次人才引进的必要性

第一节　海外高层次人才概念的界定

一、海外高层次人才的界定

对于海外高层次人才的界定是相对于本土人才以及海外一般人才而言的，其基本特征是具有海外工作经验或者海外学习经历的高水平人才。但是严格意义上的海外高层次人才概念在学术界还未形成共识，并且与"高层次人才""海归""外国专家"等其他相关概念存在交叉和联系，因此需要剖析与辨别这一系列概念，从而明确本书研究中对海外高层次人才的界定。

（一）高层次人才

20世纪70年代人才学创立以来，对于人才学理论研究基础的人才概念的界定不断发生变化，从最初的"百家争鸣"到相对统一，再到概念外延的规范研究，人才的概念内涵逐步明晰。人才是指具有一定的专业知识或专门技能，进行创造性劳动并对社会作出贡献的人，是人力资源中能力和素质较高的劳动者。人才是我国经济社会发展的第一资源。而对于高层次人才的内涵，目前理论研究和实践工作中尚未给出公认的定义。因为"人才"本身就是一个边界较为模糊的概念，难以简洁表达。但仍有少数学者基于对人才定义的不同理解与考察，提出了对高层次人才概念的各自认识。高层次人才可以从三个方面进行定义。首先，从人才自身角度上来看，高层次人才是核心知识、核心技术的掌握者，他们拥有丰富而深厚的知识储备，善于有效利用自身学识来面对各种难题和挑战；与此同时，高层次人才往往拥有强烈的成就动机，具备很强的学习能力，在面对挑战和挫折时能够坚持不懈，不断寻求问题的解决办法，同时善于利用身边资源，调动整个团队的积极性，激发团队成员的进取心。其次，从社会贡献上来看，高层次人才是能够突破关键技术、促进高新产业发展、带动新兴学科的领军人才。在带动学科发展中，高层次人才的新科学发现或技术研发将提高人类的认识水平，有效解决实际应用的问题。而在带动产业发展中，高层次人才所做的技术突破可以改变一个产业的发展命运。最后，从社会认知角度上来看，高层次人才是整个经济社会发展的引领者，是治国理政的领导人才，是高水准的优秀企业家，是世界水平的科学家、工程师和高水平的哲学社会科学专家、艺术家、教育家等。总之，其在专业领域具有创造性、发挥统领作用、取得突破性成就，是人才中出类拔萃者，是为社会的发展做出某种突出贡献的人群。高层次性与创造性是高层次人才的本质特征的两个主要体现，一方面从能力与素质上看，高层次人才具备很强的创新思维和创新能力，其居于人才生态链的顶端，具有标杆作用；另一方面从高端人才的延展性特征来看，部分人才群体已在某些高端技术领域进行了初步探索，虽未得到社会权威机构认可，但具备创造性的发展潜力和后发优势，对于高层次人才梯队结构的合理构建具有重要意义。总体而言，学者们普遍认为高层次人才是人才中的出类拔萃者，是不仅具有高学历，还具有强能力，在专业领域具有创造性、发挥统领作用、取得突破性成就，并为社会的发展做出某种突出贡献的人。他们是人才队伍中的核心组成部分，是推动经济社会发展的中坚力量。

（二）海归

海归一词源于20世纪90年代末期，是指具有国外留学经历和工作经历的归国人员。由于我国经济的快速发展，大量在外留学人员出现了"归国热"，加之"海归"一词与"海龟"谐音而带有玩笑轻松的色彩，更易为网民接受，因此，"海归"一词逐渐取代了归国人员的说法，在互联网和现实社会中广泛流传。

根据国家人事部2000年印发的《关于鼓励海外高层次留学人才回国工作的意见》规定，留学人员是指：公派、自费出国留学在国外正规大学获得学士及学士以上学位的人员；在国内已获得中级和中级以上专业技术职称任职资格，并在国外高等院校、科研机构进修1年以上并取得一定成果的合作研究人员、访问学者、进修人员；经有关部门认定的国外高级管理人员和具有国外高级专业技术的人员；留学学成在国外工作并已加入外国国籍或已获得长期永久居留权及留学国再入境资格的人员。同时，回国后由中国驻所在国的大使馆，或是人事部、教育部的相关认定部门出具认定证书。具备这两个条件后就可以享受国家出台的相关优惠政策。

但在有些地方人才工作中，对海归的界定存在不同。2004年，深圳市制定《引进海外留学人才条例》，首次将海外高层次留学人员定义为：第一，在国外获得博士学位的海外留学人员；第二，在国内已取得硕士以上学位或者副高以上专业技术职务任职资格并到国外高等院校、科研机构工作或学习2年以上，取得一定成果的访问学者和进修人员；第三，在国内已取得硕士以上学位或者副高以上专业技术职务任职资格，到国外知名跨国公司、企业从事专业技术或者管理工作3年以上的海外留学人员；第四，其他有突出贡献，经市人民政府确认的高层次海外留学人员。留学人员为：第一，公派或自费出国（境）学习，并获得国（境）外学士（含）以上学位的人员；第二，在国内获得大学本科（含）以上学历或中级以上专业技术职务任职资格，并到国（境）外高等院校、科研机构进修1年（含）以上取得一定成果的访问学者或进修人员；另也包括加入外籍以及从港澳台地区出国的留学人员。

（三）外国专家

人们对外国专家的普遍认知主要源于19世纪50年代苏联大量派遣专家入华援助。我国有计划地引进了一批科研、专业技术、管理、教育等细分领域的外籍专家，其为我国建国初期的基础建设提供了帮助。而改革开放以来，国外的不少专家人才陆续来华，进一步推动了我国工业企业的创新、产业结构的升级调整，以及现代服务的发展，对我国综合国力的增强和人民生活水平的提高起到不可或缺的作用。而对于外国专家的定义，主要分为广义与狭义两种。从广义上，外国专家主要是指在学术、技艺等方面有专门技能或专业知识，根据我国事业发展的需求，来华从事长短期工作的各类外籍专业人员、外籍专业技术人员、外籍专业管理人员和外籍代表。而狭义上，外国专家主要包括具有副高级专业技术职称以上的各行业、领域的专业技术人员。依据国家外专局相关条例和规定，由政府直接管理的外国专家范围为：①在国际科技领域享有较高声望的专家学者；②在国（境）外知名企业、政府重要机构、重要国际组织中担任过高级管理或技术职务的专家；③在国（境）外知名高等学校、知名研究机构有影响的学术带头人；④在国（境）外主持过重大科技专项、重要工程项目的高级管理、技术专家；⑤国内急需的具有特殊专业知识和特殊技能的专家。①

（四）海外高层次人才

根据2005年国家人事部、教育部、科技部、财政部联合印发的《关于在

---

① 叶忠海，郑其绪.新编人才学大辞典［M］.北京：中央文献出版社，2015：323-324.

留学人才引进工作中界定海外高层次留学人才的指导意见》，对于海外高层次人才提出的要求与标准为：一般应在海外取得博士学位，原则上不超过55岁，引进后每年在国内工作一般不少于6个月，并符合下列条件之一：在国外著名高校、科研院所担任相当于教授职务的专家学者；在国际知名企业和金融机构担任高级职务的专业技术人才和经营管理人才；拥有自主知识产权或掌握核心技术，具有海外自主创业经验，熟悉相关产业领域和国际规则的创业人才；国家急需紧缺的其他高层次创新创业人才。这一政策主要设定了海外高层次人才有关学历、年龄、在华工作时间、职称职务、创新创业成果、专业特长、需求程度等方面的具体条件，它的提出为海外高层次人才界定指引了方向。

国家人事部印发的《关于鼓励海外高层次留学人才回国工作的意见》对海外高层次人才进行了特征界定：一是海外背景，即身处海外或者具有海外生活工作经历背景的人；二是高层次人才，即对经济社会发展做出杰出贡献的人。因此，广义上的海外高层次人才是指那些身居国外但不一定具有外国国籍的、具有特殊造诣的高层次人才。他们可以是在海外留学的中国人，可以是身居海外的华人华侨，也可以是本来意义上的外国人。海外高层次人才是具有在海外学习、工作背景的高层次人才。从范围上看，既包含在海外留学且取得成就的本国人才，也包含国外本土的高层次人才。海外高层次人才是指掌握所在领域内的尖端知识和技能，能正确实施技术指导，胜任本职工作，能够带动新兴学科，并能进行技术创新，发展高新产业，来华从事我国发展急需的、国内又紧缺的专业技术工作，从国外或香港、澳门特别行政区、台湾地区引进的人才。

根据以上对高层次人才、海归、外国专家、海外高层次人才等概念的剖析并结合我国海外人才引进的现实需求，本书对海外高层次人才的定义为：拥有海外（不含我国港、澳、台地区）工作经验或留学经历，具备尖端知识与核心技术，能够带动我国基础研究发展，促进学科建设与技术突破的科学家、专家及学者；熟悉国际市场规则，具有全球化视野与跨文化经营能力，能够提升我国企业参与国际合作与竞争能力的高级管理与经营人才；具有强烈创新意识与创业精神，并拥有自主知识产权或发明专利，能够填补国内行业、产业空白的科技创新创业人才；满足我国新型产业和新兴业态的发展需要，能够促进经济结构调整和产业转型升级的高技能人才；在教育、科技、文化、卫生及生态环境建设领域有一定造诣，能够满足我国社会发展需要的紧缺型人才。具体包括海外高层次归国留学人员、拥有海外执业经历的高层次经营管理者、外国专家、华裔外籍专家等。

二、海外高层次人才引进效能的界定

对"效能"一词最普遍的解释为预期目标的完成程度，亦可解释为衡量工作结果的尺度，可以通过效率、效果、效益来衡量。也有一种解释认为，效能可以从能力、效率、质量、效益四方面体现出来，其是事物所蕴藏的有利的效用及能量。本书研究中的海外高层次人才引进效能不能仅从"效能"一词来进行解读和界定，还需要进一步对与其相关的概念进行分辨与剖析。

（一）人才效能

人才效能反映的是投入和产出关系的人才利用效率，是指一定量经济产出所需要的人才的数量。人才效能，就是最大限度发挥人才的作用，产生经济和社会效益。[1]随后，李群、陈鹏（2006）等学者对人才效能的定义进行了扩展解读，将人才效能界定在某一经济领域的某类人才发挥作用的程度[2]。贾品荣（2017）则强调人才效能是一定量经济产出所需要的人力资本

① 王成斌.让人才发展现代化成为中国式现代化的活力源泉［N］.光明日报，2023-1-16.
② 李群、陈鹏.我国人才效能分析与对策研究［J］.系统工程理论与实践，2006（5）.

平均受教育年限[①]。虽然在表现形式上不同类型人才的具体产出成果会有不同，但在作用上都是为推动经济的发展，故其效能的高低最终仍会通过经济层面的成果产出来反映。

上述各学者对人才效能的表述细节及形式不尽相同，但观点较为一致，本质上都从生产要素投入角度，以反映经济活动中所耗费的人才成本对人才效能进行界定；并且均采用人才投入与经济产出之比作为人才效能衡量指标，该比值越高表明同样的产出所耗费的人才成本要素越少，说明人才资源的配置效率较高，人力资本价值得到充分发挥。相反，若该指标值偏低，则说明尚未充分发挥人才的作用，存在人才资源的配置缺乏合理性，人岗不匹配等问题。现有研究主要将这一定义应用于评价人才在特定区域的经济发展过程中的贡献程度。

（二）人力资源效能

关于人力资源效能的研究，学者们主要从两个层面对其进行了相关的定义。第一个层面是从人力资源管理过程的有效性出发，认为人力资源效能是人力资源管理活动过程中对目标的完成程度，体现在人力资源管理者的专业性、人力资源政策制定的科学性和人力资源部门实施活动的有效性上，通过员工对人力资源部门及其管理活动进行感知。此处的效能是狭义的，是指人力资源管理活动本身的效能。

更多的则从另一个层面对人力资源效能进行界定。人力资源效能发挥的关键在于提升人力资源的配置与使用效率，从而可以提高人力资本回报率，加强组织的核心竞争力，实现良好组织效益。同时，人力资源效能需要应对两个关键问题：一是解决人力资源的系统性配置问题；二是提高人力资源系

---

① 贾品荣.恢复高考40年：北京人均受教育年限近12年 科技人才效应应多[N].北京晚报，2017-6-5.

统运转水平的问题。人力资源数量和质量的累积并不是真正的效能，而应从效率和效益角度去衡量，体现在人力资源个体与整体的活力。对人力资源效能一方面保留了"效率观"的观点，另一方面还特别强调了人力资本价值增值也是人力资源管理效能的体现。企业管理活动可区分为战略性和技术性两种类型，因此，人力资源效能作为人力资源管理活动的结果，亦可划分相应类型。我们可以看出这一层面的研究普遍认为人力资源效能是人力资源管理活动中运用系列管理制度、方法与手段，合理配置人力资源、发挥人员积极主动性而给组织带来的有益产出，亦可以理解为人力资源效能是其作为生产要素发挥作用的具体表现，也是人力资源管理活动的最终产出与结果。

还有的则从微观可衡量、可操作的角度来定义人力资源效能。以人力资源管理活动带来的人才引进、人才能力素质及工作积极性作为人力资源管理的效能。以员工留任意图、组织吸引、工作接受、组织认同等作为人力资源效能的测量指标，来从侧面反映其对人力资源效能内涵的认识。人力资源效能是为实现组织绩效的中间过程，主要包括人力资本和员工行为心理两个方面，人力资源管理政策、活动等是其实现形式。基于上述分析，我们发现对于人力资源效能的研究尚不够丰富，也没有对"人力资源效能"这一概念形成统一的界定，但是在不同程度上都表达了人力资源效能是人力资源管理、人力资本运营的有价值的结果，为形成本书的核心概念提供了重要启发与借鉴。

（三）海外高层次人才引进效能

相对于"人才效能"与"人力资源效能"而言，海外高层次人才引进效能在学术领域中是一个崭新的概念，但仍然可以基于相关概念的研究进行阐释。一方面，基于人力资源管理活动带来了人力资源效能的观点，海外高层次人才引进是一种人力资源管理活动，因此可以将海外人才引进效能视为人才引进行为的直接与间接结果。另一方面，海外高层次人才引进效能还体现在两个层次：从宏观层面来看，海外高层次人才引进状况最直接地体现着海外高层次人才引进的效能；从微观层面来看，由于企业或组织人力资源管理活动带来的企业与组织绩效也能间接反映出海外高层次人才的引进效能。所以本书所界定的海外高层次人才引进效能为海外高层次人才引进的直接效果与间接绩效的综合。其中，引进的直接效果是指我国政府、企业及组织由于海外高层次人才引进活动所产生的直观结果，其包括海外高层次人才引进的数量、质量、结构、分布等宏观景象；间接绩效是指由于海外高层次人才引进后，作为人力资本要素投入而能给企业或组织产生的利益与价值。

第二节　海外高层次人才引进的理论依据

一、胜任力理论

随着社会经济的不断发展，劳动分工的逐渐细化，人们开始意识到多样化的职业岗位需要不同特质的从业者来创造绩效，因此，"如何在招聘中甄选出更为优秀、更加合适的从业者，有什么可以作为预测从业者绩效的工具与方法"成为人力资源管理领域亟待解决的问题。20世纪初，美国著名管理学家、"科学管理学之父"弗雷德里克·温斯洛·泰勒（Frederick Winslow Taylor）对"时间——动作"进行组织行为学研究。他的研究发现，对于同样的工作量，不同工人的工作效率和行为表现是存在明显差异的，并且认为工人的行为表现和工作效率是相关的。因此进一步提出运用动作分析的方法，研究高工作效率取决于哪些胜任力，从而针对这些因素对工人进行系统的培训和提高，以提升组织效能。这被认为是胜任力理论的雏形。自此，这一领域的研究激发了国外广大学者的研究兴趣。哈佛大学教授麦克利兰（David McClelland）最早提出了胜任素质的概念。20世纪70年代初，麦克利兰应美国政府邀请，为之设计了一种能够有效预测驻外联络官（FISO）绩效的方法。麦克利兰（McClelland）的冰山素质模型对胜任特征的构成要素进行了形象的描述。"冰山以上部分"包括基本知识、基本技能，是外在表现，是容易了解与测量的部分；而"冰山以下部分"包括社会角色、自我认知、品质和动机，是人内在的部分。

继而大批从事心理学和人力资源管理研究的学者开始了胜任力研究，并建立了系列能够描述工作绩效优秀者应该具备的各种素质要素的组合结构的胜任力模型。胜任力模型明确回答了两个方面的问题：一是获得良好工作绩效应该具备的知识、技能、价值观、动机和态度；二是这些知识、技能、价值观、动机和态度是怎样结合在一起的，要素之间的层次、结构和逻辑关系是怎样的。

英国哲学家、社会学家赫伯特·斯宾塞（Herbert Spencer）等人在麦克利兰冰山模型的基础上，从特征的角度将其冰山模型中的六分层次改为了五个层次，分为外显胜任力和内隐胜任力。外显胜任力包括员工拥有的知识、技能和行为，作为胜任力内容的一小部分浮出水面上。内隐部分包括态度、个性、动机和价值观等是位于水下部分，不易观察和测量，却是非常重要的"冰山"构成。在胜任力"冰山"模型中，外显与内隐两个"冰山"构成部分密不可分，共同决定了员工的行为。美国学者理查德·博亚特兹（Richard Boyatzis）提出了"素质洋葱模型"，强调胜任力是由外在表现和内在因素层层构成。内层的个性、动机等因素与外层的知识、技能等表现相比，虽然不是直接能够观察到的，但却是影响胜任力的关键因素，同时也是难以通过培训进行学习的。"洋葱模型"表现了构成胜任力的核心要素，展示了观察和衡量胜任力的各个构成要素的难易程度。

虽然"洋葱模型"与"冰山模型"两个模型在要素组合结构形式上尽不同，但在构建胜任力的特征要素上几乎是一致的。胜任力模型的形成被认为是胜任力体系的正式建立，如今在人力资源管理领域得到广泛的发展和应用，如基于胜任力的职务分析，基于胜任力的人员选拔，基于胜任力的激励机制，基于胜任力的培训机制、评价机制及薪酬体系等。

二、高层梯队理论

随着企业内外部环境的复杂化，个体决策的局限性逐渐凸显，群体决策变得越来越重要，并逐步取代个体决策。在此背景下，著名的"高层梯队理论"由汉布瑞克·唐纳德（Hambrick，D.C.）和梅森·帕特里克（Mason，P. A.）提出。这是学术界关于高管团队研究的开端，为中外学者进行高管团队研究奠定了重要的理论基础。该理论以整个高管团队作为研究对象，认为高管团队每个成员都具有不同的价值观，有着不同的认知水平，他们的这些特征会互相作用，影响企业重大战略决策的选择，进而对企业绩效产生非常大的影响作用。但由于高管的认知水平和价值观没有一个统一的测度，难以衡量，而人的认知水平和价值观是受性别、年龄、教育水平、人生经历等人口统计特征影响的，因此高层梯队理论选择以人口统计学特征作为研究切入点，用高管成员的性别、年龄、工作任期、教育水平等人口特征变量来替代认知水平和价值观，从而认为这些变量会影响企业的重大战略决策，进而影响企业绩效。综合来看，高层梯队理论的核心内容是：在高管成员人口统计特征可以替代心理特征的前提下，人口特征会通过影响企业战略决策来改变企业的最终绩效。

高层梯队理论为管理决策开辟了一个全新的、有意义的研究领域，但其并不完备。最初的高层梯队模型具有两大缺陷：第一，人口统计学特征指标比单纯的心理测量具有更大的噪音，因为他们可以反映除心理特征以外其他的特征，如风险偏好、动机等；第二，虽然人口统计学特征很容易衡量和获得，但建立其对企业绩效影响模型的时候，不同中介变量和调节变量的选择使很多基于高层梯队模型的研究结果不一致，甚至大相径庭。高管成员人口统计特征上的差异并不一定能导致企业绩效的差异。

1996年，汉布瑞克再次对模型更进一步地作了修正，从三方面来描述高管团队，即高管团队组成、团队结构以及团队运作过程。高管团队组成是指高管成员的性别、年龄、教育背景、工作任期等显性的人口特征；高管团队结构则是指企业的高管职权结构；而高管运作过程则是描述高管成员之间相互的沟通、协调、冲突和激励的行为表现。这三个方面会共同直接作用于企业的战略决策，进而影响企业绩效。此外，该修正模型还首创性地将高管团队行为划分为三个层次：企业本身层次、高管团队整体层次和CEO个人层次，分析三个层次对企业绩效的综合影响。至此，高层梯队理论研究形成较为成熟的框架。

三、人岗（职）匹配理论

对人岗（职）匹配的思想早在20世纪初就被科学管理理论的三位创始人泰勒、法约尔、韦伯提出来，其根本目的就是为了最大限度地提高生产效率，即最大限度挖掘员工的潜能，让不同的员工完成其能力所及的工作，在相应的工作岗位上发挥其能力而做出最大贡献。这一思想的提出和运用为人岗匹配理论的进一步发展奠定了基础。

1909年，美国波士顿大学教授弗兰克·帕森斯（Frank Parsons）在其《选择一个职业》一书中指出，职业选择的三大因素包括：一是了解自己的态度、能力、兴趣、智谋、局限和其他特征；二是了解职业选择的成功条件，需要的知识、在不同的职业工作岗位上所占有的优势、劣势和补偿、机会和前途；三是了解上述两个条件的匹配程度。此理论的内涵是在清楚认识个人主客观条件和社会职业岗位需求条件基础上，将个人主客观条件与社会职位相对照，最终选择一个职业与个人匹配相当的职业。该书还阐述了职业与人匹配的两种类型。第一种类型：因素的匹配，即需要专门技术和专业知识的职业与掌握该特殊技能和专业的求职者相匹配。例如，脏、累、苦等劳动条件很差的职业，需要吃苦耐劳、体格健壮的劳动者与之相匹配。第二种类型：特性匹配，即需要有一定特长的职业与具有这些特长的求职者相匹配。例如，具有敏感、易动感情、不循常规、个性强、理想主义等人格特性的人，更宜从事审美性、自我感情表达的艺术创作类型的职业。

人业互择理论首先根据人才的心理素质和就业倾向，将人才分为六种基本类型，同样地将职业也划分为六个类型。每一特定类型人格的人会对相应职业类型的工作或学习感兴趣，不同类型人格的人需要不同的生活或工作环境。根据霍兰德的人格类型论，在职业决策中，最理想的是个体能够找到与其人格类型重合的职业环境。一个人在与其人格类型相一致的环境中工作，容易得到乐趣和内在满足，最有可能充分发挥自己的才能。

综合来看，人岗匹配理论是关于人的个性特征与职业岗位性质一致的理论，其基本思想是个体差异是普遍存在的，每一个个体都有自己的个性特征，而每一种职业或岗位由于其工作性质、环境、条件、方式的不同，对工作者的能力、知识、技能、性格、气质、心理素质等有不同的要求。

四、模糊决策理论

一切决策必须首先确定目标，并根据具体情况设定最为贴切的目标。然而，以清晰的数量化形式给出目标，在现实生活中是不多的，要精确地描述某一目标，往往极为困难。通常，目标以种种抽象的方式给出，作为选取方案的约束条件也有两种：一种是绝不允许含糊的、严格的约束；另一种是软约束，它带有一种留有余地的、语言暧昧的模糊约束。在现实生活中的决策，大多具有模糊目标和模糊约束。因此，模糊数学的诞生及其在决策中的应用成为解决此类问题的有力武器。而模糊决策正是以模糊数学基本方法为基础，并与管理科学的决策分析理论相结合的一套决策方法，其利用模糊集合所构建出来的隶属函数进行量化操作处理。

1965年，美国学者扎德建立模糊集合理论，开创了研究和处理模糊现象的模糊数学。1974年，模糊推理的研究报告的发表，让模糊理论成为一个热门的研究课题。而于同年，利用模糊逻辑与模糊推理，首次实现了世界上第一个实验性蒸汽机控制，并取得了比传统直接数字控制算法更好的效果。之后，模糊集合理论及其应用得到不断发展。其主要特征有：第一，不相容原理。它认为精确性与复杂性互相排斥，"鱼"和"熊掌"不可兼得。第二，取大取小原则。它认为取大取小应视具体情况而定。模糊理论给人以思维启迪，它告诉人们在信息化的现代社会里，思考问题并非唯精确为好，现实生活中面临的大量决策问题，都具有不同程度的模糊性，要把取大取小原则，即"利取最大、害取最小"作为决策方法的灵魂。而在多目标决策的研究中提出的模糊决策模型，即凡决策者不能精确定义的参数、概念和事件等，在该模型中都被处理成某种适当的模糊集合，这种相对柔性的数据结构以及相对灵活的选择方式，能够增强模型的表现力和适应性。总之，自1965年以来，模糊理论得到很大发展，已广泛应用于各个领域，同时也成了人们处理模糊性问题的重要决策工具。模糊决策分单人、多人、单目标、多目标、单级、多级等各种类型。

第三节　海外高层次人才引进的必要性分析

一、我国引进海外高层次人才的重要意义

（一）进一步提高我国国际竞争力的客观需要

导致我国在国际竞争力评比中排名靠后的一个重要原因，就是本土人才和教育培养滞后于社会发展需要，缺乏国际竞争力。在没有人文意识形态差异的自然科学领域，本土培养的科学家也一直没有实现诺贝尔奖零的突破。可见，引进包括海归在内的海外高层次人才，既是提高我国人才队伍国际化水平的有效途径，也是增强我国国际竞争实力的重要措施。

（二）改善我国高端人才短缺状况的内在要求

从整体看，我国人才资源总量"可观"，但高层次顶尖人才匮乏。由于我国高层次人才队伍年龄结构老化等原因，高精尖领军人才严重不足。在加快培养我国高层次人才的同时，为实现关键核心技术的弯道超车，大力引进海外高层次人才更是当务之急。

（三）改变我国人才流失状况的战略举措

中央人才工作协调小组办公室负责人在2013年接受采访时曾表示，多年来中国流失的顶尖人才数量在世界居于首位。由于民族情结和同文同种的文化渊源，即使我国的经济发展状况与发达国家存在一定的差距，对于海外华裔人才群体来说，也依然有较强的吸引力。因此，相信随着我国各项事业的深入发展和人才工作的日益加强，一定会迎来一个海外高层次人才到归国干

事创业的热潮，建设我国人力资源强国的目标一定能够实现。

二、我国引进海外高层次人才的主要经验与成效

改革开放以来特别是近年来，各级政府始终强调以留学人员为主体的海外人才是我国现代化建设不可或缺的重要人才资源，坚持"支持留学、鼓励回国、来去自由"的留学工作方针，把引进和支持留学人员以多种方式为国服务作为我国人才工作的重要组成部分，在制定宏观发展战略、完善政策体系、健全工作协调机制、建立服务体系、实施创业支持计划以及努力营造有利于留学人员回国创业的良好环境等方面发挥了重要的指导作用。

（一）我国引进海外高层次人才成效显著

国家"千人计划"实施以来，引进的正教授数量激增。相应地，近年来留学回国人数连创新高。这些优秀的海归人才在突破关键技术、发展高新产业、带动新兴学科、推进教育科技人才机制创新等方面发挥了重要作用。

1. 海外高层次人才和急需紧缺人才引进取得重要突破

发挥重点引智项目的引导作用，大力引进能够突破关键技术、发展高新产业、带动新兴学科的战略科学家、科技领军人才和创新团队。主要体现在取得了一批标志性的原始创新成果，攻克了一批制约产业发展的重大关键技术，推动了一批高新技术企业的发展壮大，打造了一批具有世界水平的创新团队，并推进了科研、教育和人才工作机制的改革创新。

2. 出国（境）培训质量和效益明显提升

积极推进出国（境）培训管理制度建设，严格执行出国（境）年度计划报批和项目逐案报批制度。加强评估认定，境外培训机构管理逐步规范。组织实施重点培训项目，选派各类人才出国（境）培训，服务人才队伍建设取得丰硕成果。

3. 引智公共服务体系日益完善

加快完善服务和保障外国专家权益的政策措施，不断优化人才引进环境。加大成果示范推广力度，批准建立国家引智示范推广基地和示范单位，引智成果的普惠性显著提高。扩展完善中国国际人才市场服务功能，批准建立中国国际人才市场地方分市场，市场配置国外智力资源作用进一步发挥。

4. 引智体制机制创新取得良好成效

大力开发国外优质智力资源，国际智力合作领域更加宽广。完善分类指导实施机制，积极推进部门、地方间的合作，引智服务方向、服务重点更加明确，成效更加凸显。

（二）我国引进海外高层次人才创新创业的主要经验

1. 统筹规划，突出重点

结合我国经济社会发展特别是经济结构调整的需要，统筹开发利用国内国际两种人才资源，在加速国内人才培养的同时，始终把引进高层次国际化人才作为留学人员回国创业工作的重点。通过高层次留学人员引进集聚，加强自主创新，加快发展高新技术企业和现代服务业，推动产业升级和结构优化，促进了经济社会的发展。

2. 尊重个性，强化服务

留学人员回国创业尽管有了掌握国外先进技术和管理经验，熟悉国际市场规则，海外联系广以及跨文化理解能力强等优势，但同时却要面对把握国内法律法规、了解国内市场环境、融入社会文化等突出问题以及子女入学、家属安置、住房、出入境等现实困难。为此，各级政府始终把完善创业服务体系建设作为一项重要的工作任务来抓。针对留学人员的特点和现实需求，制定特殊的支持政策，建立留学人员创业园，完善创业服务功能和网络，妥善解决工作生活中存在的现实困难，为留学人员回国创业提供了有力的支撑。

3.工程引领，制度创新

在国家层面启动了"千人计划"，各地区也结合经济社会发展和产业结构调整的需要，研究制定实施了本地区海外高层次人才引进计划。同时，围绕"千人计划"和各级高层次人才引进计划的推进，人才工作领域的改革开放的力度不断加大，一些长期制约人才发展的陈旧观念和体制机制障碍被逐步破除，一些难点热点问题被逐步破解，有力推动了人才引进工作的发展和体制机制创新。

三、我国引进海外高层次人才面临的主要挑战

从国际看，和平、发展、合作仍是时代潮流，经济全球化深入发展，人才智力资源跨国转移日趋活跃，科技、人才国际交流合作更加频繁，这为我们引进国外智力创造了有利条件。但同时，为抢占未来发展战略制高点，世界主要国家都在制定实施新的人才战略，一方面通过规划引导、放宽移民与入境条件、给予优厚待遇等方式在全球加紧吸引、延揽各类拔尖人才，另一方面千方百计控制本国优秀人才流失。国际人才智力竞争更加激烈，这使我们引进国外智力面临的外部环境更加复杂。

从国内看，我国正处于全面建设小康社会的关键时期，深化改革开放、加快转变经济发展方式的攻坚时期。深入实施科教兴国战略和人才强国战略，加快建设创新型国家，必须进一步拓展对外开放广度和深度，实施更加开放的人才政策，引进国外智力的重要性和紧迫性更加凸显。同时，必须清醒地看到，我国引进国外智力的现状同经济社会发展的要求相比还有许多不适应的地方：一是引进国外智力总量不足和结构不合理问题并存，特别是位于科技前沿、产业高端的高层次战略科技专家和国内急需紧缺的高端人才智力资源引进不足。二是国外智力资源的开发利用还不充分，特别是开辟高层次引智渠道和"走出去"利用当地优质智力资源的能力亟待提升。三是引进

国外智力工作体制机制不完善，政策法规体系不健全。四是引智投入的总量不足，多元化投入的有效机制尚未建立。要深刻认识引进国外智力事业面临的新形势新要求，紧紧抓住机遇，主动应对挑战，充分利用各种有利条件，加快解决突出矛盾和问题，推动引智事业健康发展。

四、我国引进海外高层次人才面临的主要问题

第一，发展中的问题。深化人才工作的对外开放是我国人才工作长期坚持的重大政策。在推进落实过程中，有许多难点重点问题需要解决，比如：如何充分发挥"千人计划"等国家重点引进人才计划的示范效应和辐射作用，形成力量集中、上下联动、多方参与的人才引进工作新格局？如何进一步完善融资政策、税收政策、社会保险政策，形成具有国际可比性的留学人员创业创新环境？如何完善创业服务体系，提高留学人员企业成功率，建立引进和服务并举的留学人员回国创业工作新机制？所有这些，没有现成的经验可资借鉴，必须从理论和实践相结合的角度探索和实践。

第二，亟待破解的突出问题。从创业环境的角度看，目前各级政府制定和实施了一系列特殊的政策措施，也取得了较好的成效，但留学回国人员对此满意度不高。主要表现在：重"引进"轻"服务"的倾向依然存在，缺乏企业发展战略、管理咨询、公共关系、法律事务、涉税服务、人力资源、劳动关系等方面的专业服务；选拔条件和范围过于宽泛，与经济社会发展规划联系不够紧密，引进人才的数量和质量有待提高；围绕留学人员回国创业尽管出台了许多政策但缺乏顶层设计、相互关联度不高，难以形成合力；有效的工作机制尚待健全，政出多门、多头管理或相互推诿以及"同质性"竞争的局面未得到改善；在破解难点重点问题比如资金支持、税收优惠、子女入学等方面还没有大的突破，有的已经成为制约留学人员回国创业的瓶颈。对这些问题必须给予高度重视并采取有力的措施。

未来一段时期，我国经济有望进入新一轮周期的上升阶段，这将使我国在国际人才争夺中占据更为主动的优势地位；完善社会主义市场经济体制、全面推进用人制度综合配套改革，对破解留学人员创业工作中面临的各类深层次矛盾和问题提供了较为有利的时机；经济发展方式转变和产业转型升级，对高层次创业创新人才提出了更加迫切的要求，为大力引进留学人员回国创业提供了更加有利的条件；全面落实和实施更加开放的人才政策，将为留学人员回国创业营造出更为有利的环境和良好的社会氛围。

五、进一步完善海外高层次人才引进工作的可行性分析

（一）进一步解放思想，提高对引进工作重要性和紧迫性认识

研究制定留学人员回国创业发展规划。明确引进留学人员回国创业的目标任务、对象、范围、产业发展重点，统一思想、明确任务、凝聚力量、加速发展，全面提升留学人员回国创业在实施人才强国战略中的地位和作用。把引进留学人员回国创业作为我国有效应对国际人才竞争、加强高层次创业创新型人才队伍建设、促进经济发展方式转变的重要举措摆在更加突出的位置。

建立留学人员回国创业榜样库。认真总结留学人员回国创业成功案例，推介他们的创业经验，发挥榜样企业示范性、引领性作用。加强对优秀留学回国创业人员宣传和表彰。

加强对创业规律的研究和创业知识的普及。创业活动是一项高风险的活动，纵观各国的创业活动，创业企业最高生存率在20%左右。因此，在创业政策设计和创业环境营造方面，要充分考虑创业活动的风险性、复杂性、动态性和不连续性等特征，进一步营造鼓励创业、包容失败的良好社会氛围。

（二）坚持以经济社会发展需要为导向

坚持产业驱动。一般来说，创业是一项经济活动，涉及地区产业分布、人才匹配、地区文化等多个方面，因此，创业政策不是独立于地区产业政策和社会文化政策而存在的。留学人员回国创业要坚持国家战略和区域发展规划相结合，区域性创业政策与地区产业特色、人力资源优势、文化特征等要素相结合，形成"人才＋项目""人才＋产业"，人才集群引进带动产业集群发展的发展模式。

（三）坚持高层次科技创业创新型人才为重点

要统筹国内国外两种资源，在发挥国内人才作用的同时，把引进人才的工作重心和政策资源集中到高层次科技创业创新人才和急需紧缺人才方面，发挥高层次科技创业创新人才的示范作用和引领作用。立足经济社会发展的紧迫需求，以重大工程建设、重点基础性研究、关键技术攻关和重大装备开发为载体，加大引进国外高层次人才和紧缺人才力度，更好发挥引智在创新型国家建设、产业转型升级、区域协调发展、资源节约型及环境友好型社会建设等方面的作用。

围绕国家和地方发展战略目标，持续组织实施"千人计划"，重点引进一批世界领先水平的科学家、科技创新领军人才，带动国家重点领域建设实现跨越式发展，显著增强引进、消化、吸收及再创新能力。依托国家重大科研项目和重大工程、重点学科和重点科研基地、国际学术交流合作项目，建设若干国际高端人才集聚基地，引进一批重点领域国际化创新团队，带动创新人才和青年人才的培养，为建设创新型国家提供有力的国外智力支持。

积极推进农业现代化，加大强农惠农引智项目力度，促进传统农业向现代农业转变。围绕提高产业核心竞争力，实施一批有影响的引智项目，为发展结构优化、技术先进、清洁安全、附加值高的现代产业体系提供强有力的国外智力支持。重点支持现代服务业高层次人才引进，拓展新领域，发展新业态，推进规模化、品牌化、网络化经营。积极开发利用国外先进技术、管理经验、知识体系等智力要素，推动三次产业在更高水平协同发展。

加强和推进统筹区域发展的重大引智项目。针对各区域的不同特点和发展现状，加大力度，进一步完善扶持政策，加大资金投入，体现项目倾斜。落实国家主体功能区战略，按照不同区域的主体功能定位确立引智工作重点。健全合作机制，强化政策引导，突出工作重点，更好地服务地方经济社会发展。

把服务资源节约型、环境友好型社会建设作为引智工作的重要着力点，重点支持应对气候变化、节能减排技术、循环经济发展、重大生态修复等方面的引智项目。同时，学习借鉴发达国家发展社会事业、加强公共服务、促进社会公平的经验和成果，加大对社会保障和民生改善项目的支持力度。

（四）加大政策支持力度

加强创业政策系统性和顶层设计。针对留学人员政策系统"碎片化""雷同化"问题，尽快制定实施具有顶层制度设计性质的留学人员回国创业政策体系框架。发挥市场配置资源的基础性作用，抓紧解决融资难的问题。建立政府留学人员创业基金，重点对初创阶段的留学人员企业予以资助。建立创业担保机制，由政府为留学人员企业投入引导资金、提供信誉担保，以吸引风险投资基金和银行贷款。借鉴硅谷经验，在留学人员创业较集中的城市开办科技银行。完善科技风险投资机制，进一步放宽科技型中小企业上市标准，完善创业板市场。加快产权交易市场建设，鼓励对风险投资介入的中小型高科技企业的兼并收购。

参照其他国家通行的做法或标准，稳步推进出入境和长期居留、税收、社会保险等方面改革与创新。鼓励和支持有条件的地区实行过渡性、补偿性的措施，比如，在完善企业所得税、关税、营业税、增值税等优惠政策的基础上，建立创业留学人员个人所得税补偿机制；在支持回国创业留学人员按照有关规定参加中国境内各项社会保险外，以补贴或薪酬抵扣的方式为其办理境外有关商业保险。同时，建立健全留学人员回国创业状况动态监测机制和高层次科技创业创新人才引进计划跟踪评估机制。

动员和组织各方面力量，切实解决子女入学难的问题。一是在留学人员比较集中的区域由政府资助一批学校开展双语教学。二是鼓励和支持知名学校开办国际部。三是鼓励和支持外资或民营企业兴办国际学校。坚持政府引导和市场化运作相结合，抓紧解决安居问题。一是实施高端人才住房资助计划。通过政府特殊补贴和用人单位配套补助的办法，为回国创业人员提供一次性购房补贴。二是实施高端人才公寓配售配租计划。在留学生创业园、产业集聚区、高科技园区、大学园区等区域集中建造人才公寓，为回国创业留学人员提供住房租住。

（五）健全服务体系

拓展管理与服务领域。通过调整各级各类留学人员创业园和服务机构的功能定位、拓展业务范围、加大人力和经费投入等措施，创新管理与服务机制，使各级各类创业园从目前的单纯为企业提供共享设施、办理落户等基础服务转移到帮助企业进行市场培育、技术研发、人力资源开发、风险投融资、无形资产培育等高智力增值服务上来。

大力提高培训质量效益。将提升出国（境）培训质量和效益作为谋划、推进和评价出国（境）培训工作的基本要求，贯穿于出国（境）培训的各个环节和方面，不断提高出国（境）培训科学化水平。出国（境）培训保持适度规模，控制总量，优化结构，逐步提高中长期培训项目和高层次培训项目的比重。以人才能力提升为核心，以高层次人才和高技能人才为重点，统筹推进各类人才队伍建设，培养造就一支复合型、高层次、通晓国际规则、掌握精湛技术的国际化人才队伍，为优秀人才成长开辟"快车道"。鼓励、引导各类企业和社会组织开展国（境）外培训。

统筹规划创业园。结合区域经济社会发展规划、产业聚集程度，培育专业化的留学人员创业园，以满足留学人员多样化、个性化的需求。国外有研究表明，欧洲大多数对科技型企业的"孵化器"多专注于一个或有限的行业或部门，据一份对654个欧洲企业孵化器的问卷调查结果显示，59%提供新经济行业服务，52%与研发相关，44%与金融相关，21%与销售、营销和物流相关，10%与农业相关。服务的专业化是我国留学人员创业园发展的方向。

完善服务体系。一是提高基础与业务服务效率，包括办理人才落户、工作居住证、社会保险、子女入学等相关事宜。二是加强教育与培训，包括搭建创业能力素质测评与诊断平台、创业能力素质提升项目平台、创业案例培训课程平台。三是推进资源、信息和共性技术支撑平台建设，包括建立留学人才和项目信息平台、创新实验平台、公共技术服务平台、技术成果展示平台和技术产权交易平台。

发挥"留学人员创业指导专家库"和专业服务机构的作用。通过购买服务或给予补贴的方式，鼓励和支持律师事务所、会计师事务所、税务师事务所、专利代理机构和高端人力资源服务业，及时和有效地为留学人员提供管理咨询、公共关系、法律事务、涉税服务、人力资源管理、劳动关系等方面的专业咨询和指导。

（六）深化国际交流合作

着眼于我国经济社会发展对高层次人才的迫切需要，创新引智方式，开展多层次、宽领域的国际交流与合作，把促进"引资"与"引智"更好结合起来，加快实施"走出去"战略。支持国内高等学校、科研院所、企业与国外相关机构、企业开展研发合作，共同推进高水平基础研究和高技术研究。鼓励跨国公司在华设立研发中心。支持国家重点学科学术带头人及其梯队业务骨干开展重大国际学术交流活动。

组织好中国国际人才交流大会、中国政府"友谊奖"评审颁奖等重大引智会议和活动，加强与相关国际组织合作，积极参与全球性、区域性智力资源交流合作，搭建高层次国际交流合作与政策对话平台。积极开展引智公共外交活动，从在我国长期工作、对我友好、贡献突出并在国际上具有崇高声望的外国专家中，遴选一批优秀外国专家，组建外国专家智库，更好发挥外国专家对我国各项工作的建言献策作用和对国际舆论的引导作用。

加强与国（境）外著名大学、科研机构和大型企业在高层次人才培训方面的实质性合作，积极开发利用国（境）外优质教育培训资源，鼓励并规范国外培训机构在华设立分支机构。加强国（境）外培训机构监督管理，按照严格准入、定期审查、动态管理原则，发展与有信誉、有能力、有经验、专业对口的机构合作。健全国（境）外培训机构资质认证、考核激励、绩效评估和监督检查机制，完善境外优质培训机构体系建设。严格纪律，加强管理，进一步规范出国（境）培训秩序。利用现代信息技术创新出国（境）培训方式，推动建设功能完备、资源共享、规范高效的网络培训体系。加强与国际高水平人力资源机构、行业组织等的交流与合作，及时掌握国外各行业、各领域职业资格发展情况，推进专业技术人才、技能人才职业资格国际、地区间互认。

发挥各方优势，整合各类资源，利用多种方式，努力拓宽引智渠道。充分利用我国中央和地方政府与外国政府、国际组织在政治经济、科技教育、文化卫生等各个领域交流的渠道，建立政府间交流合作机制。充分发挥我驻外使领馆、外国驻华使领馆的桥梁和纽带作用，开辟人才引进渠道。加强各级国际人才交流协会的工作。明确中国国际人才交流协会驻外机构的公共服务定位，发挥其在渠道开辟方面的独特优势和作用。加强与国际猎头公司及其他高层次专业中介机构的合作。

推进人才服务的国际化，拓展和完善国外人才测评、培训、咨询等市场服务功能，建立统一、开放的国际人才资源服务平台。规范中国国际人才市场运行机制，发展专业性、行业性人才服务市场，扩展全国市场总量和规模，优化地方市场布局。加快培育一批具有国际竞争力的人才中介机构，通过经费补贴、开辟通道等方式鼓励支持开展国外业务。组织外籍人才招聘会，为外籍人才和用人单位搭建双向选择和交流平台。

（七）打造精品，完善引才引智成果推广

大力支持引智精品工程和重点项目，在事关国计民生的重点领域形成一批有重要影响的引智成果。深入开展调查研究，大力发掘典型引智成果，广泛宣传，大力推广。创新引智成果发现、认定和示范推广的政策措施，探索建立引智成果与地方、企业需求有效对接机制，通过提高成果转化率、建立成果合作交流机制、"二次引进"等方式，推动全国范围内引智成果共享。

坚持存量做优、增量做强的原则，以扩大引智成果受益面、促进引智成果产业化为目标，建设一批技术先进、消化吸收再创新能力强的引智成果示范推广基地和引智示范单位。加强对引智基地和示范单位的指导和管理，完善评审制度，健全退出机制，确保其先导和示范作用。

以国家引智信息资源和平台建设为基础，完善以中国国际人才网为主渠道的网上交流平台，提高引智政务信息化水平，建立全国统一的引智信息管理体系。突出产业导向，科学预测国外智力资源需求，制定重点领域人才开发目录和引进国外人才行业指导目录。推动引智政府网站建设，优化电子政务与引智服务信息系统功能。加强"国家海外高层次紧缺型人才库"建设，为经济社会发展提供充足的海外人才信息。优化"海外高层次人才回国联系窗口"，进一步扩大其影响力。

第二章　海外高层次人才引进与保持的安全保障

第一节　人才安全保障的问题透视

人才安全，是指人才系统的运行对国家组织和个人发展安全的支持与保障作用，是确保人才引进与保持得以有序运转、持续发展的重要前提，在更好实施人才强国战略中占有十分重要的地位。在国际人才竞争中，发达国家利用其雄厚的实力和优厚待遇，吸引了大批中国的优秀人才，中国国家层面上的人才安全面临严重威胁。据此，加强和改进国家重要人才安全工作，高度重视和信任国家重要人才，有效防止重要人才流失，已经为我国人才引进和保持中的重大课题。

一、人才安全问题的提出

人才安全问题，一般是指在人才管理中引发的可能损害国家利益、威胁国家安全的问题。具体是指，供职于国家重要和关键工作岗位，掌握国家政治、军事、经济、金融、商业情报或技术机密者，在自然人流动过程中，迁移到国（境）外机构任职，从而有可能对国家安全造成损害、构成威胁的情况。一个国家、地区、行业或单位，长期保持稳定的人才安全状态，可以有效避免关键核心人才流失，规避关键岗位人才不当行为，防范组织机密、核心信息和关键技术的泄露流失。①

人才安全工作，从其所在的组织考虑，可划分为国家和企事业两个层面。在国家层面上，人才安全工作是为了保证国家的核心关键人才，在国内外人才的激励竞争中，不因其无序流动或流失，使国家发展及竞争的优势受到威胁或损害。在企事业层面上，人才安全工作的重点是企事业出于自身需要，对"核心关键人才"的吸引与保持。国家层面的人才安全与企事业层面的人才安全不完全属于同一问题。国家层面上的人才流失，只能造成国家的损失，而国内企事业单位之间的人才流动，则是在某些企业人才流失的同时，必然有另一些企业获得人才。只要人才流动是在健全有效的规则下进行，并不会对整体经济、国家、社会造成负面影响，而是会促进人才的合理配置。因此，保护国家"核心关键人才"，制定企事业人才流动规则，都是国家人才安全政策的重要内容。

总之，人才安全是一个不断发展的动态过程。但不论如何评价，都蕴含着要有效解决人才安全问题，即：如何应对人才危机，确保我国未来人才安全。

二、人才安全问题的研究意义

人才安全与否直接关系到一个国家、地区和组织的兴衰成败，也关系到人才本身潜能的施展与发挥。因此，研究人才安全问题同时具有宏观、中观和微观上的时代意义。

从宏观上看来，目前世界上没有一个国家能够做到单纯依靠本国的培养就可以满足对各类高级人才的需要。于是，人才作为一种特殊商品必然在全

---

① 孙学玉.打赢人才争夺战，确保国家人才安全［EB/OL］.环球网，https://baijiahao.baidu.com/s?id=1741264971006909457&wfr=spider&for=pc.最后检索时间：2022-08-16.

球范围内进行流动。由于人才就是金钱，就是财富，人才的引进不但可以为本国节约大量的教育培训费用，而且可以直接为国家和企事业单位创造大量的财富和利润。因此，各国政府都十分重视"人才引进"与"人才保持"工作，利用各种机会，采取多种手段，留住本国人才。吸引海外人才特别是海外高层次人才，已经成为我国经济社会发展的重要战略。但人才安全问题隐含在政治、军事、社会、经济、科技、文化等各个领域的安全之中，是各种安全问题的导火线，是国家安全中最本质、最核心的问题，必须根据本国情况，制定建立有效的人才安全管理机制。

从中观上看，一个地区经济社会的发展与腾飞，同样离不开大量优秀人才的集聚。人才资源是第一资源。一个地区的经济实力与发展潜能，除了发展教育外，直接与该地区集聚人才的数量与质量密切相关。因此，要增强一个地区的核心竞争力，关键不取决于这个地区的地理区位、物资资源等，更重要的是取决于该地区拥有的人才特别是高级人才的状况。因此，如果一个地区面临人才安全问题，就会给该地区造成致命的打击。

从微观上看，人才安全问题的研究意义，在于企事业单位和各类人才自身。企事业单位是人才开发的主体，它们的生存与发展，与人才资源开发和利用密切相关。只有把人才资源转化为人才资本，只有留住企事业的人才，才能促进企事业的振兴。人才是企事业的第一财富，在激流的市场竞争中，人才本身时常面临着各种各样的危险与诱惑，如何最大限度地发掘人才内藏的智慧与潜能，保证人才在稳定的环境中和谐发展，在合理的流动中升值奉献，也是人才安全问题研究的重要内容。

综上所述，人才安全问题的研究意义，就是立足现实，剖析一系列影响人才安全的因素与内容，探析威胁与限制人才充分发挥潜能的机制和环境，让国家、地区和单位尽可能采取有效措施预防与解决人才安全问题，使人才在安全的环境中各显其能，各尽其才。

三、人才安全问题的现状透视

总体而言，中国人才安全现状是"喜忧参半"，既有机遇，也有挑战。

（一）我国人才安全工作形势喜人

在国际人才竞争中，我国已越来越意识到人才资源开发的战略意义，洞察到国家重要人才安全工作的极端重要性，提出了更好实施人才强国战略，加强和改进国家人才安全工作，目前已取得了以下可喜变化：一是对人才安全工作的认识有所突破。自从加入世界贸易组织以后，我国加快了人才工作的调整步伐，开始应对人才安全问题。全国人才工作会议确立了科学人才观，提出了"人才问题是关系党和国家事业发展的关键问题""人才资源是第一资源""人人都能成才"和"以人为本"等重要观念。尤其是重要人才安全，写入了中央人才工作决定，着手通过立法等重要手段，维护国家人才安全，并将人才安全纳入国家人才强国战略中。二是人才安全工作开始得到加强和改进。国家高度重视和充分信任国家重要人才。把在关系国家安全和国民经济命脉的重点行业和领域工作，掌握国家经济、科技、国防等核心秘密和尖端技术的人才纳入国家重要人才范围。通过立法维护国家重要人才安全，有效防止重要人才流失，制定政策法规，提高重要人才待遇，保障重要人才权益，规范重要人才流动。建立国家重要人才的信息档案，实施动态管理。三是我国外流人才出现"回流"。研究发现，人才回流与经济、政治、科技社会等要素有着密切联系，而经济因素具有决定性作用。四是海外人才与智力开始流向中国。目前，外国人来中国分为短期停留、长期居留和永久居留。中国刚刚实行的"绿卡"制度，将会欢迎更多的外籍人才来中国投资、经商、从事文化科教事业、从事学术交流活动，等等。

（二）我国人才安全问题十分紧迫

尽管我国人才安全工作出现了上述一些可喜的现象，但我国人才安全问题仍面临挑战与危机。

第一，我国高层次人才十分紧缺。已经成为制约我国经济、科技和社会发展的关键因素。目前，我国主要短缺的是达到世界前沿水平的人才，包括人工智能、生物工程、电脑芯片制造和软件设计等高新技术人才，熟悉国际金融和世界贸易组织规则的人才，既懂经营又善管理的国际企业家。据统计，我国的高层次人才占人才资源的总量又只有10%。也就是说，我国高层次人才的存量与需求之间存在巨大缺口，特别是高新技术人才、高级管理人才、高级企业经营人才、高级金融保险人才凤毛麟角，成为我国的稀缺资源。

我国现有的人才结构和分布严重失衡。一方面，在有些单位和部门，"人才过剩"，积压浪费现象，分严重；另一方面，在有些单位和部门，很多岗位找不到人才，出现不少岗位空缺。我国经济发展的东、中、西部地区差距，又导致我国区域人才分布的不合理，"马太效应"现象也愈演愈烈，即越来越多的中、西部落后地区人才流向东部发达地区，导致落后地区人才越来越少，经济越来越落后；而东部发达地区人才越来越多，经济越来越发达。这种不合理的国内人才流动，实质上是发达国家与中国、外企与国企人才争夺的缩影，这种人才的"结构病"，必然加剧我国人才危机。

第二，我国人才流失十分严重，影响了我国综合国力的竞争和未来的经济发展。一是发达国家发放"绿卡"，吸引我国高级专家与人才移居国外。由于发达国家具有雄厚的资金实力和提供的优厚待遇、环境，所以很多人才愿意流向美国等发达国家。二是跨国公司实行"人才本土化策略"，抢夺我国技术人才与管理人才。随着经济的全球化，很多跨国公司在我国境内开设研发机构和分公司，于是这些跨国公司分别就地取"才"，挖夺我国国有企业的精英人才。这些精英人才有的掌握着高新技术，有的拥有很强的管理才能和丰富的客户资源。一旦进入外企，就能立刻为外企带来唾手可得的经济效益，相反，我国国有企业因关键人才的流失而遭受巨大的经济损失。三是我国出现出国留学生"学成不归"和"留学低龄化"趋势，高校毕业生出国留学的人数一直较多，导致我国潜在人力资源与教育资源严重流失。第三，国外实施的"青苗战略"，使我国未来人才安全受到威胁。一段时间以来，国外不断实施"青苗战略"，吸引我国未来人才。我们必须树立人才安全的紧迫意识，着眼于面向未来，从全球经济社会发展的潮流和趋势出发，以强烈的民族精神和忧患意识，关注人才领域的新情况、新变化，准确把握和预测人才发展与人才竞争的发展，将人才安全工作的战略重心前移，把青少年人才、潜人才、特殊人才及时列入人才安全防护的工作内容，实现我国人才风险防范工作的前瞻性和超前性，从而积极应对将来可能发生的人才危机，以防患于未然。

特别要看到，世界未来经济社会发展的主要趋势，预示了未来人才安全工作的方向。未来经济是以科技智能为特征的知识经济和信息经济。可以断言，以科技智能化、信息化为特征的前沿学科人才及未来社会构成中的前沿人才群、紧缺人才群乃至在校在读的低龄拔尖学生群都将是我国人才保护的重点。因此，未来人才安全保护的对象定位，应提早到学生阶段，培养、跟踪和保护的目标应更集中和超前一些。

有资料显示，西方发达国家不仅对我国北大、清华的二三年级优秀学生施以"诱导挖掘"策略，同时还对我国各省高考"状元群"也早已掌控在册。他们甚至对有些省市的初中、高中段数学竞赛、物理竞赛、智力竞赛等大型赛事中涌现出的优胜群体，表示出别有用心的"浓厚兴趣"，有的跨国企业和国际基金组织不惜为这类赛事的佼佼者，实施提供奖学金、赞助出国旅游考察等"人性化"策略，这其实是他们在人才"青苗"阶段进行的一种战略投资。①因此，未来人才安全问题，应当引起我国决策层与社会各界的关注，我国如何为这类成绩优异、表现突出的潜人才群的成长进行呵护与投资，让他们在成才过程中切实感受到祖国民族大家庭的温暖，这既是一个重大战略问题，也是一个不能回避的现实问题。

四、我国人才安全问题的原因分析

我国出现的人才安全危机，究其原因主要有以下几个方面：

（一）人才管理机制陈旧

人才管理机制陈旧，是造成人才安全问题的根本原因。现在，不论是政府、企业、还是事业单位，人才资源的管理、人才资源的效能发挥，都存在一定程度的障碍。最为突出的是用人机制问题，一个盘活存量人才、吸引外来人才的机制环境还远没有形成。我国虽然已经加入世界贸易组织，但由于市场经济体制的不健全，所以在国际人才竞争中仍处于劣势。改革开放以后，无论国家、地区还是企事业单位，都强调人才流动与人才国际化，但因人才薪酬待遇、工作环境、生活条件等方面问题，无法有效地留住人才，更难争夺海外人才为"我"所用、为"我"所有。有时，我们一方面努力引进国外人才，却无法提供人尽其才的条件和环境；一方面又冷落原有人才，打击了原有人才的工作积极性。

（二）人才市场流动无序

我国至今还没有一部人才流动或人才市场法，这对人才有序流动带来很大障碍。世界各国都规定，人才在市场流动，必须要有一个安全保障的要

---

① 郭薇.人力资源如何资本化［J］.当代经济，2005（8）.

求。由于我国人才安全的法律法规不健全，通过立法维护人才安全的意识还比较薄弱。国家虽然明确规定了涉及国家安全的人才范围，对承担国家重点工程和重要科研项目，以及涉及国家核心机密和关键技术的人才实行保护措施，但很多人才中介与猎头公司仍然利用有关人才法律的漏洞，千方百计地抢夺我国关键人才，导致人才无序流动与聘任。一些外国人才中介机构进入我国市场后，由于缺少监督，运作不规范，加速了人才的不正当竞争，加剧了我国的人才流失，增加了人才安全问题严重性。目前，我国已借鉴国外"竞业避止"的规定和做法，制定相关的法律法规，以减少国家重大科技发明创造、关键技术等外流所造成的损失，对流出国门的掌握核心机密和关键技术的人才的行为进行有效规制。但由于法律、法规所存在的局限性，使得应对人才安全问题还不能完全落实，尚需充分发挥政策的补充作用。

（三）人才竞争的制度和政策不力

在这场人才大战中，每一个国家、地区和企业，都希望自己在这场竞争中能立于不败之地。然而，究竟谁败谁胜，很大程度上取决于各自人才竞争的制度和政策。我国的引进海外人才的战略刚刚起步，人才安全的保障在法律上还是一个空白，现有的政策也很不完善，关注的焦点还是如何留住国内精英人才，还没有足够的力量"外引外争"境外顶级人才。

第二节　人才安全保障的经验借鉴

他山之石，可以攻玉。为解决我国人才的安全问题，我们有必要学习与借鉴国外成功的经验。比如：发达国家如何创设一整套卓有成效的人才政策，鼓励更多的留学人员回国参加创业；如何给外资企业更多的机会，形成人才流动与人才培训的国际化；如何积极引进国外人才，弥补国内人力资源不足；如何创造公平的市场竞争环境，形成公平的游戏规则，创造强有力的社会创业环境；等等。我们通过信息资料收集和整理方式，在认真研究分析发达国家，韩国、新加坡等新兴工业化国家，以及印度等发展中国家人才安全问题与政策的基础上，认为以下几个方面的经验可供我们借鉴。

一、积极实施人才战略，抢占国际人才竞争制高点

当今时代，综合国力的竞争，关键在于人才的竞争。因此，世界上大多数国家，纷纷把"人才战略"作为基本国策，不断提高本国人才资源开发的水平和整体实力，以此抢占有利地位，确保本国人才安全与国家安全。美国历届总统都积极奉行"教育优先""投资于人"和建立"脑力强国"的战略，并凭借国家的独特优势，通过开放的移民政策，网罗大批世界优秀人才为其服务，在缔造世界头号强国的同时也使美国成为世界人才强国。德国为应对激烈的国际人才争夺战，把"培育环境、赢取大脑"作为人才强国战略，不仅想方设法留住本国人才，而且制定新的移民政策吸引外国高级人才和紧缺人才。日本也不断制定和调整本国的人才战略，通过"240万科技人才开发综合推进计划""21世纪卓越研究基地计划""科学技术人才综合培养计划"等一系列发展规划的实施，成为人才资源强国。新兴工业化国家的代表韩国和新加坡，积极倡导"人才立国""精英治国"，分别制定了"21世纪精英工程"和"21世纪人才资源前景计划"等战略规划，提高了本国人才实力。作为发展中国家的印度，则把信息技术人才开发列为本国人才战略规划的重头戏和经济增长的发动机，推动了印度软件产业的崛起。以上所述表明，化解人才安全问题，必须站在战略高度上，制定战略规划，统领人才资源开发，提升本国人才资源的整体竞争力。

二、因地制宜，根据国情确立人才资源开发策略

由于所处的发展阶段不同，经济和科技实力相差很大，世界各国化解人才安全问题的做法和经验是不尽相同的，具体表现在：一是人力资本的投资重点不同。发达国家在教育培训、研究开发、医疗保健等人力资本投资方面，均处于领先地位并借此保持竞争优势；新兴工业化国家和地区以人力资本追赶为先导，成功地实现了第一次现代化；印度等发展中国家在人力资本投资方面则实行有所为、有所不为政策，集中投资于计算机教育等高技术产业。二是引进人才资源的重点不同。发达国家以吸引外国人才为重点，新兴工业化国家或地区实行吸引外国人才和本国海外留学人才并重的方针，发展中国家则把防止人才外流和吸引本国人才回流作为重点。三是在政府作用上的差别。与发达国家相比，新兴工业化国家或地区以及发展中国家更加重视政府在人才培养、吸引和利用上的引导作用。最后，在精英人才培养和使用上的差别。与其他类型国家相比，新兴工业化国家或地区更加强调英才教育或精英教育，同时实行"精英治国"或"专家治国"政策，确保出类拔萃的人管理国家。

三、强调"教育优先"和"投资于人"，立足开发本国人才资源

加大人力资本投入，加强人才教育培训，立足开发本国人才资源，是世界各国确保本国人才优势和人才安全的重要举措。世界其他国家或地区，也都根据自己的实际情况，通过加大人力资本投入，加强人才资源能力建设。总而言之，通过立足开发本国人才资源，能够促进人才总量同国家发展的目标相适应、人才结构同各项事业全面发展的需求相适应、人才培养机制同各类人才成长的特点相适应、人才素质同经济社会协调发展相适应，大大增加

了一国人才安全的系数。

四、拓展人才资源开发空间，积极参与国际人才竞争

面对激烈的国际人才竞争，是消极防守还是积极进攻，是摆在世界各国面前的重要课题。从各个国家和地区的人才开发实践来看，采取积极的姿态、主动参与国际人才的争夺，成为当前人才资源开发普遍的国际趋势。纵观这些国家参与国际人才竞争的手段，主要包括以下方面：一是制定开放的移民政策招揽人才移民。二是制定优惠的留学政策"收割"外国人才。三是提供优厚的待遇和良好的工作条件抢夺外国人才。具体的措施包括：企业和公司在招聘人才方面的支出可以享受减税；提供高薪和住房；加强培训等。四是政府主导、政策推动、市场吸引，积极引导本国国外人才回流。如今，积极引导人才回流成为竞争和安全的主要内容，即使发达国家也不例外。

五、树立有序开放的安全理念，正确对待和处理人才国际流动

（一）对人才国际流动持开放态度，坚持鼓励留学，来去自由

对于人才外流，印度政府表现得非常豁达，他们认为不要大惊小怪，不要把这看成是人才外流，而应当把它看成是智慧银行，正在积聚利息，等着去提取。因为印度人认为，当软件人才从欧美归来时，他们不仅带回了资金和技术，也为印度提高了知名度，更带回了创新精神和管理、营销经验。英国人才管理则奉行全球化的人才观，对人才流动采取比较自由放任的宽松政策。但英国在采取自由人才政策的同时，将重点放在优化科研环境和学术氛围上，为人才的重新回流创造了宽松的学术环境和优厚的创业条件。针对人才缺口，英国又从其他国家网罗优秀人才平衡英国本土人才的流失。

（二）制定重要人才倾斜政策，留住关键人才与核心人才

德国为防范重要人才流失，启动"赢取大脑"工程，重点在于对本国和国外高级人才进行物质激励，并为此设立了名目繁多的奖励，其中国家科学基金会、德国科学研究会、洪堡研究奖学金等奖励额度最大，可高达上百万马克。如此高的奖励，不仅吸引了外国杰出人才，而且留住了本国核心人才。英国政府在不久前通过的科技白皮书中规定，今后对高科技研究、基础研究和高等教育领域有突出贡献的人才，实行倾斜政策，国家将拨出专款，大幅度提高他们的工资待遇，其中由英国政府认定的几百名杰出人才的年薪将达10万英镑以上。

（三）吸引国外企业投资，增加就业机会，遏制人才外流

在印度，各大城市都在竞相吸引外国企业投资，政府也通过创立风险基金、提供优惠的税收政策等手段帮助企业发展，为印度实现以信息技术为核心的经济高增长创造良好的环境。微软、IBM、飞利浦等世界主要信息技术产业巨头相继在印度设立了研究和开发基地，不仅为印度的高文凭失业者提供了就业机会，也为他们提供了充分展示才华的用武之地，成为防止人才外流的重要措施。目前，这也是广大发展中国家遏制人才外流的普遍做法。

（四）有的放矢，对部分人才进行合理限制

如印度政府规定：凡是在国内有较先进的研究设备的领域不允许通过交流到国外去做研究，不批准此类人员的出国需用的外汇；使用官方渠道得到奖学金的留学人员，要做出完成学习后回国的保证；不允许美国教育委员会在印度举办为印度医学毕业生专设的一项考试，该项考试的合格证明是一个医生在美国求职的必备条件；不允许紧缺类的科学家随意长期移居国外，而只允许那些需要进行某些方面深造的人出国。作为人才流失严重和行动迟缓

的国家，俄罗斯目前已经组建了一些处理人才迁徙问题的科学行政机构，如俄罗斯全国人才流失问题委员会等，对本国高级人才的继续外流采取了一定限制。

六、加强人才安全管理，严防国家、企业的关键技术和核心机密流失

人才流动不仅仅意味着人才流失，而且还伴随着国家、企业关键技术和核心机密的流失。因此，加强人才安全管理，防范技术和机密流失成为化解人才安全问题的又一重要内容。在这方面，日本政府和企业的做法值得我们借鉴。一是加强知识产权保护。日本政府提出"知识产权战略大纲"，制定《知识产权基本法》，在内阁成立知识产权战略推进本部，同时创设知识产权最高法院，对侵犯知识产权者做出"严厉而迅速"的处分。二是作业流程黑盒子化。公司的生产车间严禁外人参观，只允许公司的主要负责人和少数顶尖干部看到工厂全部；作业人员不准进入其他工作区，为了防止偷拍，照相手机不准带入；另外，不少高科技企业通过把作业手册打散，甚至不写作业手册来根除技术外流的风险。三是高额的奖励发明金。一些企业重新制定奖励取得发明的制度，提高技术人员的满意度，奖金额不设上限，甚至提出与董事同等待遇来犒赏技术精英。四是重视思想道德教育。培养职工对企业的归属意识和对企业精神的认同感，构建企业与职工的"命运共同体"，由于职工与公司建立起劳资双方利益互连、风险共担的关系，所以职工为了企业不惜投入自己全部的时间与精力，在这样的公司中，又有谁肯泄露企业技术与机密？

总之，发达国家、新兴工业化国家和发展中国家在人才安全工作方面的成功做法和先进经验既有一些共性，也有自己的个性。但任何策略和做法都是从本国实际情况出发的，为国际化人才竞争中的风险防范发挥了积极作

用，对我国人才安全工作具有十分重要的启发价值。

第三节　人才安全保障的战略思路

人才安全问题，已经成为制约我国经济社会可持续发展、关系国家民族安危的重大战略问题。我们必须针对当前国际国内人才竞争中各领域和行业的关键核心人才日益流失的状况，加快制定国家人才安全战略和相应的政策法规，构建国家人才安全工作体系，努力维护国家人才安全。

一、指导思想

制定国家人才安全战略，建立风险防范机制，必须着眼于未来世界人才竞争的新变化、新趋势，坚持以"三个代表"重要思想和科学发展观为根本指针，着眼于为实现民族伟大复兴和全面实现小康大业提供大量的合格人才，认真贯彻落实"尊重劳动、尊重知识、尊重人才、尊重创造"的重大方针，更好实施人才强国战略，以维护国家民族的整体利益、最高利益、经济社会可持续发展的长远利益和总体安全为目标，在广泛借鉴国外经验的同时，坚持社会主义价值取向，坚持市场经济改革方向，坚持中国特色，自觉服从国家综合安全需求大局，从国家整体、区域、用人单位、人才个体等多层面，全方位构建科学、系统、完整、严密、攻防兼备的人才安全战略框架和人才风险防范体系，建立和完善相应的制度、政策乃至法律法规体系。

人才安全保障，既是国家实施人才强国战略的重要内容，又是确保国家其他安全的战略前提与基础。因此，人才安全及风险防范的战略思路，要服从于经济社会可持续发展的需要，服从于全面建设小康社会的需求，服从于建设和完善有中国特色社会主义市场经济体制的需要，服从于构建社会主义和谐社会的需要，服从于以人为本的发展战略的需要，从而做到坚持中国特色、坚持人才为本、坚持开放制衡、坚持动态博弈。

二、战略定位

以新科技革命和知识经济为主要特征的经济全球化，给发展中国家的经济和社会发展提供了前所未有的历史机遇，但也给发展中国家的安全体系带来新的威胁。因此，中国人才安全保障的战略定位，既要维护以领土完整与主权独立为主要特征的传统安全，又必须在经济全球化浪潮中维护本国政治、经济、科技、信息乃至文化安全，防范国际"新霸权主义"的侵害。

要应对经济全球化形势下的新旧双重安全难题，关键在于人才。因为人才，特别是关键核心人才，无疑是国家行为的主体，也是国家机密、军事机密、商业机密、科学技术及各类战略性、市场性资源的能动载体。他们是国家安全、组织（单位）安全最为直接、最为关键的责任主体。从某种意义上说，20世纪国家安全的重心，是维护以领土和财物为主的有形资源的安全，而21世纪国家安全的内涵，将更多地体现为维护以人才智力和科学技术为主的无形资源安全。

在当代，人才安全与否已成为整个国家体系安全与否的前提条件。中国既要把人才安全战略列为更好实施人才强国战略的重要组成部分，也要把人才安全战略置于国家安全战略的核心地位，以确保国家整体安全。

三、战略目标

根据更好实施科技自立自强战略、人才强国战略和可持续发展战略的总体要求，新时代新阶段我国人才安全保障的战略目标是：为建设创新型国家、全面建设小康社会提供高素质的、合格的人才和智力保证，总体提升和保障国家核心竞争力；以人为本，切实维护经济与在经济领域、国境线内与非国境内的中国安全和国家利益；预测并防范政治、经济、金融、科技、军事等领域因人才带来的各种风险。同时，针对人才竞争失序失控、高层次、高技能人才流失、人才市场经营性风险等诸多方面的热点、难点问题，在策略和政策层面的应对中，及时破解难题、修改补充方案和调整目标内容，力求人才战略目标更加准确、更加完善，也更加明确，以适应不断变化的国际形势的要求。

发达国家争夺发展中国家人才资源的主要对象是国家关键核心人才，主要集中于国家政治经济领域、特别领域（国防、安全部门），经济命脉产业、特种产业（信息），核心关键岗位，掌握尖端核心技术，在某一领域具有核心地位、对国家安全具有重要作用者。因此，中国人才安全工作的重中之重是要加强和改进国家关键核心人才的风险防范工作。

根据文献研究，我们建议把以下六类人才纳入重点防护战线：

第一，正在承担国家和省级重点建设工程、重大科研项目的主要技术和管理人员；第二，供职于国家重要和关键工作岗位，掌握国家政治、军事、经济、金融、商业情报或技术机密的人员；第三，我国短缺的重要、关键人才，包括高新技术人才、优秀企业家和各类高级专家；第四，在岗的涉密人员和离岗脱密期未满的涉密人员；第五，有违法嫌疑正在依法接受审查尚未结案的人员；第六，法律、法规规定暂时不能流动的其他特殊岗位的人员或者需经批准方可出境的人员。

当前，我国人才安全保障工作，在国际人才竞争中已处于不利地位，我们必须及早面向"青苗"人才群体，制定相应政策。因为这部分未来的人才群体，在他们成才之后不成为我们所用所有，必然成为别人的财富和资源。我国现在的人才供给状况，尤其是在庞大的高科技人才群体需求方面已经处于告急阶段，如果不及早重视、培养和抓住一大批我们自己土生土长的"战略科技人才"，我国的人才竞争将步步被动。

四、方位布局

人才安全保障，是一个全方位的战略性概念，具有涵盖时空地域的全方位性。就层次而言，它分为国家人才安全、单位人才安全和人才个体安全。就地域而言，它分为国家和国民经济人才安全，大经济区域人才安全和地方人才安全。就领域而言，它涵盖经济领域、金融领域、技术领域、军事领域，还涵盖政治领域、文化领域等等。

因此，人才安全保障的应对举措和政策法规的设计与制定，要具有面向各个层面、各个地域、各个领域的全面性、多层次性。人才安全保障的政策法规、体制与网络，不仅要涵盖国内，适合本单位实际，而且要面向世界、遵循国际惯例；人才安全保障的体系框架，不仅要涵盖国有企事业单位，而且要涵盖非公领域的企事业单位。

人才安全保障的对策与政策设计，在时间布局上，不仅要着眼于当前，更要树立长远的未来观，增强预见性。例如，人才风险防范的对象，不仅要着眼于现有在任、在岗的各类人才，更要着眼于有望成为各行各业领域的潜重要人才和有望进入关键核心岗位的各类预选人才。针对国内外名牌大学的优秀学子，对于特别优秀者可以提前到青少年阶段，以及遍布世界的中华民族的各类优秀人才，将上述各类潜人才的优秀人才纳入重要人才安全名录，建立信息渠道和动态跟踪机制。

第四节　人才安全保障的对策建议

人才安全保障，是一个要求整个国家参与的综合集成系统，是一项社会性的综合工程。它的规划和管理，需要国家进行科学的、强有力的干预和导向，需要政府、社会、单位乃至个人的积极参与。当前，必须树立人才安全保障意识，根据国家经济社会发展战略的要求，综合运用经济、法律和行政手段，引导人才合理流动，加强对我国人才安全实施有效保障。

一、加紧构建我国人才安全保障的工作体制

人才安全保障工作的有效实施，有赖于人才风险防范制度与政策的制定、落实和监控。要以坚实的组织依托为保障，以主体明确、责任明确的机构为支撑，改变国家人才安全保障体制责任主体缺位和不到位的被动局面。这就要求我们，要把握国际人才争夺战的新情况、新特点、新形势，借鉴国外通用的人才保护的经验和办法，加快建立符合中国特色的人才安全保障的机制和体制。

（一）加强党对人才安全保障工作的领导

按照党管人才原则，形成党委统一领导，组织部门牵头抓总，有关部门各司其职、密切配合，社会各方广泛参与的人才安全保障工作格局。当前的首要任务是，要在中央和地方党委组织部门的人才工作协调机构中，增加人才安全与保障综合管理的职能，防止和克服人才安全保障工作中政出多门、管理混乱的现象。要根据国家经济、科技、国防、金融等安全的需要，加强国家对人才安全保障的宏观调控和管理，通过建章立制，加强监督检查，促进国家人才安全保障工作体制的落实。

（二）明确和落实政府人才安全和保障的责任主体

在人力资源与社会保障部或国家安全部及各省、市、区政府，设立或明确负责安全保障工作的组织机构，明确制度设计与政策制定的责任主体，人才安全保障工作执行运作的责任主体，监督控制的责任主体，建立与之配套

的人才安全保障的信息系统，同时建立落实到人的责任制度。各级政府内部及各类企事业单位，都要建立或明确与国家人才安全保障体系联系沟通的组织机构，建立责任到人的体制机制。

（三）构建权责明晰的工作机制

关键是要建设一支适应国际人才竞争的高素质的人才安全保障的人才队伍，即加强人才安全保障队伍的自身建设，并将其列为加强党的执政能力建设的一项重要工作。人才安全保障及其风险防范是一门科学，是一项复合性、外向性、专业性都很强的新型工作。人才安全保障队伍建设，要坚持高标准、严要求，按照专业化、职业化，甚至专家化的现实要求，进行有计划、有目标地培养和造就，且要纳入国家及各级地方人才开发培训规划。

（四）深化现行人才管理体制的改革

要进一步打破现行人才管理体制中条块分割、部门垄断的格局。不仅要消除人才流动中的城乡、区域、部门、行业、身份、所有制等限制，打通三支人才队伍之间、公有制与非公有制组织之间、不同地区之间的人才流动渠道，而且在人才管理上也要打破彼此相互分割的体制障碍，特别是对重要人才、关键人才、核心人才、高层次高技能人才和潜在人才的管理，要通过体制创新，加快探索建立全国统一、联网的一体化管理与运作监控的新形式，以适应人才安全工作及其风险防范新挑战和新需要。

二、制定我国科技发展与人才保护政策

科学技术是第一生产力，人才资源是第一资源。在科技发达程度有待提高的现状下，我国人才资本特别是高层次的人才资本供给短缺，尤其是在高科技人才需求方面，我国已经处于告急阶段。解决高科技人才资本匮乏的关

键，是要实施"投资产业集聚人才，投资人才促进产业"的同步发展战略，即依托项目聚集人才，以人才资本化衍生企业群体。为大力实施与人才资本优先积累战略，打造中国特色的"科技人才资本中心"，从而确保我国科技人才队伍的稳定和再生。

（一）加紧制订国际领先的国家专项研究开发计划

在条件成熟地区，分别建立一批国家重点研发中心，集中投入巨额资金、聚集一流人才，超前发展主导未来世界经济、科技发展趋势的前沿学科和优势产业，从而在源头上减少目前一些高尖端人才的流失，并加快该领域的发展步伐。

（二）大幅度提高科技人才的社会地位

目前，一些地方科技人员的地位愈来愈低。在一些地方和部门，讲的是尊重知识，尊重人才，但实际上还是把资金、项目放在第一位；讲的是科技人员的什么政策都有，但实际上科技人员的许多政策都没有落实。发掘科技潜力，必须大幅度地提高科技人才的社会地位，重点要建立以人才资本化为主导的多元的激励机制。

（三）抓紧探索设立国家荣誉制度和政府奖励制度

创新科技人员的奖励制度，坚持精神奖励和物质奖励相结合，重奖有突出贡献的科研人员。建立国家荣誉制度，对为国家和社会作出杰出贡献的各类人才给予崇高荣誉并实行重奖。提高国家科研机构和高等院校的教授、副教授津贴，千方百计通过各种手段增加科技人员收入。

（四）加大对青年科技人才的支持力度

明确规定一定比例的国家科技经费预算，用于支持青年人才围绕世界科技发展方向及前沿领域开展科研活动。要给优秀青年人才提供创业平台和机遇，走上"快车道"，并着力提高青年科学家薪酬福利水平。

（五）强化人才资本外流的控制制度

关键部门的重要专家出国，必须经过上级主管部门和安全部门批准。重要专家团组在国外的活动，需接受安全部门的监督。限制对国家具有战略意义的专家出国。通过创造良好的工作条件、提高社会福利待遇，吸引在境外工作的科研人员回国。

（六）建立健全现代产权激励机制

探索建立人才资本及科研成果有偿转移制度。鼓励和支持对作出突出贡献的经营管理人才、专业技术人才实行期股、股权激励，加快创新科研成果转化为生产力的步伐。特别要大力实施领军人才开发计划，鼓励以杰出的科学家为核心，在对产业发展有重要影响的领域建立一些高水平的研发中心，集中国家力量促进企业家与科学家联手发展关键产业。

（七）建立以项目为载体的国家各类人才资助基金

打造中国特色的"科技人才孵化器"，大力引导和强化资本市场向科技领域及科技人才的投放力度，以确保留住人才干事业。要结合已有的专门基金资助机构，负责建立、强化、完善国家科技事业与人才资助基金的评估与管理，分别对通用技术和企业产品的研究开发提供资助。为单个科技人员进行技术和产品的研制提供风险资助，向处于起步阶段的、有创新技术设想的企业家们提供帮助，使他们的技术设想能够转化为商业产品。要借鉴发达国家的做法，不仅为企业家和科技人员提供资金，而且提供场地、设施、职业帮助和行政管理支持。建立项目招标和首席专家负责制，使科学家和企业家们可以全身心地投入研究中，从而打造中国特色的"科技人才资本中心"。

三、制定和完善我国人才安全保障的政策法规

纵观世界各国，关于人才和人才安全保障都有相应的立法，而我国在这方面的法制建设相对滞后，这与国际人才发展及人才竞争形势不相适应。法制建设具有根本性、长期性和战略性特点，探索人才安全保障的法制化建设，对切实保证我国人才安全保障具有基础性战略意义。迫切需要从以下几方面进行法制保障：

（一）制定和完善引进海外人才法规

以美国为代表的发达国家通过移民政策吸引了经济发展所需的世界各国的优秀人才，从而成为世界经济、军事和人才强国。我们应当借鉴其经验，制订我国的移民法，限制非技术性劳工的进入，对外籍杰出人士和高学位人才敞开大门，从而引进他国精英，以法律的杠杆来调整我国人才素质和知识结构，利用国外的高科技人才来促进我国社会主义市场经济社会的繁荣。

改革开放以来，大量海外人才涌入中国，进入中国的外国专家或回国留学人员良莠不齐，我国对这部分人员的管理滞后；而海外一般劳动者输入我们国家过多，也会对本国的就业造成压力。为此，需要做到关口前移，在准入许可时，即进行严格的审查，以确保我国经济社会发展所亟须的人才进入我国，弥补由于我们人才流失所造成的人才短缺。这需要我们及时调整管理方式，制定有效的管理制度，尽快制定出台移民法，通过移民政策，吸引海外优秀人才为我服务，解决高层次人才和紧缺人才的缺失问题，使我国引进海外人才走向法制化的途径。

（二）制定规范国家公职人员流动法规

关于国家公职人员，世界各国有不同的定义，有的把凡是与"国字"挂

钩的工作人员都视为公职人员，目前在我国的公职人员，一般指国家公务员。但事实上，从人才安全保障的角度出发，应该把国有企事业单位的中高层管理和技术人员也纳入国家公职人员范畴，因为他们掌握着国家的管理和技术秘密，甚至是国家机密。

对于国有企事业单位的人才流失问题，只能通过加强法制化建设予以解决。当前，应贯彻落实人事部规定的五类人才不得招聘等相关规定，杜绝人才不合理流动。要强化对这部分国家公职人员的法律约束作用。

制定国家公职人员法，主要是对国家公职人员的行为进行法律上的约定。公职人员的职业准入要经过严格的审查，从业行为要遵守严格的规范，要有高尚的职业道德、良好的职业操守，忠于自己的国家，处处以国家利益为重。对公职人员离职，也要做相应严格的规定，不得擅自离职，对离职后的解密期作明确的规定，对违法者予以惩戒。

（三）制定人才流动管理法规

在我国目前的人才流动中，市场基础性配置的作用日益得到强化，人才自主流动、单位自主用人的趋势在逐步增强。为规范市场经济人才流动中各相关主体的行为，既保护人才个人权益，又确保用人主体的利益，各个省市区相应制定了人才流动管理的条例，但是在国家层面，目前尚未就人才流动问题立法。这是解决人才安全问题迫切需要解决的重大问题。

引导并保证人才合理有序流动，是做好人才安全保障的重要前提。要培育人才流动的市场环境，对人才中介服务机构要严格审查，对违法中介服务机构要进行严惩。同时，必须约束境外中介机构从事中介活动，进一步规范与国内合资或合作的人才中介机构的行为，防止境外中介机构利用人才中介之机，搜罗我国一些重要人才的信息，或者把一些重要人才挖到境外。对境外中介机构的从业活动要有严格的限制，不得超越经营范围。还要培育和提升我国人才中介机构的竞争力。

以立法形式解决人才流动中的"竞业避止"问题，打造良好的制度环境。对于关键岗位的核心人才，在离职后的一定期限内，不能从事相同行业的相同工作，有效防止人才无序流动而造成的不正当竞争，为人才流动营造一个健康有序的环境。为避免"竞业避止"而引起的对人才个体的经济损失，解决限制期的生活和生存问题，一方面，要依靠社会的公共保障服务，另一方面，要在法规中规定原用人单位需支付补偿金数额等问题。

对人才流动的户籍管理和配套服务进行法律规范。在目前户籍管理尚未放开的情况下，对流动人才的管理要明晰化，特别是对柔性流动人才的档案保管、培训就业、争议仲裁等权益保障方面内容，要进行明确规范。对流动人员的信息档案，要及时更新内容，在法律条文中要予以明确，以解决目前人才流动中人才和档案相分离的诚信记录问题。

四、研究制定重要人才安全保障的政策

对于一些特别重要的核心人才，要采取特殊的人才安全保障政策，重点加以保护和安全防范，避免重要人才流向国外对国家造成的损失。同时，加强教育，提高对重要人才重要性的认识。重要人才必须坚持社会主义的方向，忠于党、忠于祖国、忠于人民，明白并了解时代和社会发展赋予重要人才的责任感和使命感。

重要人才一般是指政治家、优秀企业家和各类高级专家。他们是国家的宝贵财富，比一般人才更具有创造性、开拓性和进取性，承担着更重的推动社会发展进步的责任。重要人才都是从一般人才成长起来的，我们既要重视金字塔的塔尖，也要重视塔基，营造整个人才队伍成长发展的环境，为解决人才安全问题创造一个系统性的解决机制，使我们的人才安全保障问题从根本上予以解决。

（一）确立国家重要人才范围

要把在关系国家安全和国民经济命脉的重点行业和领域工作，掌握国家经济、科技、国防核心秘密、尖端技术和商业机密的人才纳入国家重要人才范围。除本书上述战略重点中所述六类重点防护人才之外，以下各类人才也应纳入国家重要人才的范围。

第一，各类涉及核心机密人才。特别是那些工作在国家科技、金融、外贸、国防科研等部门的重要岗位上，掌握了国家机密、国家核心技术的人才，掌握着大量的国家政治、军事、经济、科技秘密，一旦流失国外，会危及国家政治安全、军事安全、经济安全及科技安全。情况严重的，甚至会危害国家主权安全。

第二，各行各业的领军人才。领军人才及其优秀人才团队，是一个国家经济、科技、文化的领头羊，是一个国家发展先进生产力的主力军，他们都是国家的宝贵财富。国家要保护领军人才及其团队免受"掠夺"，要引导优秀人才群体有序流动。否则要给国家带来经济、科技、政治、文化等方面的重大损失。

第三，关键性技术人才。这类人才拥有企业独特技能，是该组织获得竞争优势的核心员工，如高科技企业、IT企业的工程师，一旦这些核心员工离开企业，就会把关键环节、核心技术、关键性技术带走，无疑将给企业带来巨大损失。

第四，掌握市场大量客户资源的人才。这类人才是企业发展的"台柱子"，外企把这些人才招至麾下，不仅能大大降低其进入成本，获得更多的市场客户资源，而且能达到直接摧毁竞争对手的战斗力和竞争力的目的。

第五，优秀企业家（包括民营企业在内），企业高级管理人员和骨干力量，这类人员违规流动，也将对我国企业乃至国家带来严重的危害。

在确立国家重要人才范围的同时，要不断增强纳入重要人才范围者的自我保护和自我约束意识，加强相关法律的建设，构建人才安全保障的自我约束机制，做到人才的有序流动。

（二）建立国家重要人才的信息监控系统

对国家重要人才分类，按级建立重要人才名录和行业岗位名录。根据名录制定不同类别、不同等级的区分标准，确定重要人才的数据库。对高级特殊重要人才，要纳入国家核心掌控环节。建立国家重要人才的信息档案，构建全国联网的信息监控机制，对重要人才实施动态、跟踪管理。要针对发达国家争夺重要人才手段的新变化，充分利用现代信息技术和网络技术，建立重要人才进出国门的信息防线。在国家层面，对列入国家重要人才名录，行业、岗位乃至个人名录的重要人才，限制和禁止涉外人才中介机构招聘外流。

（三）国家重要人才的安全工作必须做到关口前移

分析和研究发达国家争夺人才形式与手段的新变化，既对在岗的重要人才实施严格安全防护，又要对即将成为重要人才的"潜人才"、有可能进入重要岗位的人才、已离岗的重要人才，实施切实有效的风险防范；针对各领域重要人才不同情况和特点，制定重要人才安全保障及其风险防范规章制度；既要高度重视和充分信任国家重要人才，又要严格落实风险防范制度，形成严密安全组织与激发人才创造活力并重的良好机制；不断加强组织、人事、公安、出入境管理等相关部门与环节的有序协调，形成对重要人才的安全防范合力；安全保障与服务激励相结合，以政策支持、精神激励、提高福利待遇、改善重要人才的工作生活条件等办法，留住用好重要人才；依法管理，加快推进人才风险防范的制度创新，紧紧围绕重要人才培养、引进、使用、流动、激励、保障等相关环节，制定相应的人才安全法律法规，确保重要人才安全保障工作的严密、刚性与有效；提高人才工作者队伍自身的人才安全意识及风险防范能力，大力加强舆论宣传，为中国人才资源安全保障创造良好的社会环境。

五、大力实施"潜人才"开发战略

目前我国不少在校大学生，把出国留学发展当成首选。一些非常优秀的学生考上大学后的目标是一出国、二考研、三外企。如果今天这部分潜人才留不住，明天的人才危机只会更严重。化解我国人才危机的根本出路，必须立足于自我培育为主，大力实施潜人才开发战略。因为我国国情、经济实力及物质待遇方面在目前所处阶段，不可能大规模引进海外人才，必须进一步重视教育，加大教育投资力度。

（一）培养我国未来的科技人才精英

国家之间、企业之间是竞争关系，任何国家、任何企业都不会把一流技术卖给我们。因此，我们要从未来社会的知识结构要求，从未来人才需求趋势出发，培养明天的人才。未来哪些领域最重要，我们就要从哪个领域尽早着手培养大量的能掌握先进或核心技术、能产"金蛋"的人才。目前，第三世界国家本国的尖子学生、高材生被发达国家"掠夺"，发展中国家的人才，培养定位时间应更早一些，培养目标必须更集中一些。应从高中阶段甚至初中阶段抓起，务求我国在未来的人才竞争中处于主动地位。对于未来人才风险防范，要如工厂备份关键部件一样，在一个地区、一个国家的经济体中作好人才储备，以实现"人才备份"。

（二）正确把握我国未来人才群体的培养方向

经济全球化以后，各国科技发展趋同明显，未来社会构成中的前沿人才群将是各国人才的财富源泉。我国电子信息产品制造业、通信业、软件业预计未来增长在20%以上，因此，我国未来信息产业将需要大量的高科技人才，目前供给远远不够。另外，基础学科人才、基础研究人才、能源、生命科学、信息核心技术人才、高级软件人才严重紧缺。强者恒强，这类人才更会向信息、人才、技术等条件更优越的发达国家和地区靠拢。因此培养与留住这类人才同等重要。

（三）建立"中国资助明日英才"奖学金

本土人才富有感情、对祖国有认同感这一特质，决定了我们必须对其成才创造条件，必须尽早建立我国的"潜人才开发基金项目"，以类似美国福特基金会和卡耐基基金会资助人才的运作模式，通过非政府奖学金的形式对各省各科"状元"进行资助，对全国智力竞赛中成绩优秀者，世界数学、世界物理等国际性科奥赛夺魁者进行出国留学资助。以我国自己提供的奖学金资助本土人才，以我们的奖学金吸引国外人才来我国留学，从而拥有明天的人才。对于资金来源及建立渠道，我们可以借鉴国外做法，通过高等院校、各类基金会、社会团体与个人、政府和行业机构、接受国际组织捐赠、申请来我国留学者所在的国的政府、私人和组织等方式进行支持。

（四）培养未来人才的国家意识

要加强对未来人才的思想道德教育，实现人才的由精神向物质的转化，保持他们对中国特色社会主义建设的认同感，让未来人才走到哪都能心系祖国，为祖国服务。人才安全保障要从学校抓起，学校教育是帮助树立人才安全保障意识最合适的场所。要让学生的人生观、价值观与我国主流价值观、人生观同频共振。学生阶段是人生观、价值观形成的最重要的时期，从小树立中国公民意识、国家安全意识、人才安全意识特别重要。在高等学校，大学生接受的知识面广，接受新生事物快，往往对传统的价值观持怀疑和否定的态度，常常想做"叛逆者"和"另类"，价值取向多元化，如在"国外文化攻略"下，很容易变得过度追求以自我为中心的利益。对此，要大力加强大学生思想道德建设，培育大学生热爱祖国、热爱党，为国奉献的崇高品质。

六、全力打造拴心留人的机制环境

（一）强化全社会的人才安全保障意识

由于个人在国家利益、个人利益，多数人利益、少数人利益，个人的生活质量、个人的价值实现等方面都有可能存在不同的看法，会直接或者间接影响人才的去留。在人才资源开发领域，必须旗帜鲜明地确实关乎民族利益、国家利益至上的道德观，牢固树立个人利益、单位利益、局部利益、地域利益服从于国家民族整体利益的观念，形成爱党、爱祖国、爱民族、爱社会主义、爱人民的氛围。要充分利用主流媒体的社会导向作用，强化全社会的人才安全保障意识。当今时代，人们获取信息的渠道越来越广泛，对于同一种事物，往往存在着不同的价值判断，这就需要充分利用我们自己的主流媒体阵地，引导全社会共同关注人才安全保障，强化人才安全意识。

（二）打造公平、公正的用人环境，让人才实现价值

人才高层次精神需求，是实现其自我价值，而这才是解决人才安全保障的治本之策。我国政府必须为各类人才提供合适的体制和制度环境，营造先进的、符合当今世界发展状况的规则和文化，提供公平、公正、舒心的工作环境。在这样的环境中，用人者尊重规则，敬畏制度，秉公论事，平等待人，这样就能够提升人才对我们的国家、对我们的系统、对我们的单位有认同感、归属感，就会有"家"的感觉，从而营造出使人才集中精力干事业的环境，在相当大的程度上满足人才最高层次的精神需要、实现自我价值。让

人才生存无困境，发展有奔头，权益有保障。当前，我国急需建立人才安全保障的国民待遇意识和规则，适时纠正眼光短浅、唯利是图的做法，既不能歧视外来人才，也不能歧视本地人才。实行人才的国民待遇原则，让人才在平等的条件下公平竞争，以业绩论英雄。只有这样才能留住人心，人才安全保障问题才能得到根本解决。

（三）实施全方位的人才激励和保障政策

维护我国人才安全保障，要有措施，要见行动。要学习借鉴西方国家和跨国企业的经验，用"前程加钱途"、优厚的科研经费加优越的科研环境、尊重人的人性化管理加个性化管理、稳定的职业保障等措施，吸引乃至留住人才。我国相对落后的人才管理模式有可能加剧人才危机，计划经济的残留观念、固化的户籍制度等，应尽可能减少减少对人才的逆反心理，消除我们对人才的"外推力"。因此，我们要积极发展我国经济、科技，丰富国内的物质文化生活，不断改善国内专业技术人才的工作和生活条件，以全方位的激励手段安人才之心。

（四）建立和完善合理的人才薪酬福利体系

人才价值要符合经济学的投入产出规律，给予相应的物质回报。要通过探索建立智力资源资本化的实现途径，给作出突出贡献的优秀人才以合理的报酬，从而防止优秀人才的流失。人才创造的知识、专利、发明和技术作为要素参与分配，通过公共评价机构的评估，确认其价值。要让优秀的人才有付出、有回报、有作为、有地位。

（五）进一步完善社会保障制度

我们要通过建立适合我国国情的社会保障机制，给人才的发展提供一个稳定安全保障的环境。人才发展的社会保障制度是，就是通过建立覆盖全社会各类人才的保障平台，为各类人才的发展创造安定的条件，结合目前的实际，要进一步完善企业社会保险制度，积极探索机关和事业单位社会保险制度改革，加快福利制度改革。必须遵循以下主要原则和要求：一是要建立可靠的保障机制。各类人才都要纳入社会保障制度覆盖的范围，使其基本生活得到可靠的保证，解除他们的后顾之忧。二是要建立多层次的保障体系。用人单位和各类人才依法参加基本养老保险、基本医疗保险、工伤和失业保险等基本保险；在此基础上，单位和人才还可以建立补充养老保险、医疗保险和商业保险等，以提高他们的生活保障水平。三是要建立社会保障管理服务社会化机制。由社会保险经办机构进行社会化管理和提高优质服务，维护各类人才的社会保障权益，使各类人才的养老、医疗等社会保险待遇落到实处。

第三章 海外高层次人才引进机制的构成

第一节 人才供需对接机制

海外人才供需对接机制指的是用人需求和人才供给两方面信息和主体的对接，包括信息的交互以及双方主体的接洽等。它决定着某一行业领域部门是否需要吸引海外人才以及需要吸引什么样的海外人才，在海外人才引才机制中发挥着"出入口"的作用。在我国政府主导型发展模式的长期影响下，政府在海外人才供需对接过程中一直扮演着主导者的角色。随着企事业用人单位等参与人才市场的角力，企业、事业单位等用人单位也结合自身特点建立起一定的海外人才供需对接机制。此外，部分经营性或公益性的中介组织在促进人才供需双方信息对接、合作洽谈以及完成人才引进等方面也发挥着越来越重要的作用，成为供需对接的另一大主体。政府在海外人才供需对接方面，主要通过发布人才工作规划、重点人才引进目录等方面实现政策引导和帮助用人单位锁定留学人才需求的主要目标群体。

要坚持突出重点与整体推进相结合的原则，在稳步扩大吸引规模的同时，不断优化人才引进结构，提升人才引进质量，重点引进海外高层次人才和急需紧缺人才，着力引进一批站在世界科技前沿和产业高端的一流人才。重点引进领域，包括五大方面：①坚持围绕创新型国家建设的需要，大力引进海外顶尖人才和高层次创新型科技人才，提升自主创新能力；②坚持围绕发展现代产业体系的需要，大力引进产业领军人才和经济发展重点领域急需紧缺人才，提高产业核心竞争力；③坚持围绕社会主义新农村建设的需要，大力引进农业科技领军人才和急需紧缺人才，进一步推进农业现代化；④坚持围绕推进经济结构和产业结构调整的需要，大力引进现代服务业急需紧缺人才，推动服务业的快速发展；⑤坚持围绕构建社会主义和谐社会的需要，大力引进社会发展重点领域急需紧缺人才，提高人民生活水平，促进社会事业发展。

在制定海外人才引才目录流程方面，一般而言，政府部门大多通过召集部分用人单位人事部门负责人的座谈会，或通过召开专家座谈会的形式进行，征询用人单位对于留学人才的需求和偏好情况。教育部设立的直属事业单位中国留学服务中心，提供一定量的留学人才供需对接服务，主要包括提供留学人才招聘信息、回国创业的政策信息以及科研基金等相关信息。此外，中国国家人才网是留学人员供需信息交流的重要网站。通过对这些留学人员网站信息的浏览和分析发现，目前网站的信息平台建设还存在不足，对于留学人员回国创业创新等信息介绍相对较少，大多集中于复制和转发政府的相关政策文件，部分网站对政府吸引留学人员的优惠政策进行了解释说明，但信息更新滞后甚至几年不更新。

就引进外国专家渠道而言，引进外国专家政策提出通过官方、半官方、民间、各种国际组织，充分发挥国内各个学术团体、科技团体和校友会等群众组织在联络和团结海外人才方面的作用。同时，提出要在国家科委"中国科技交流中心"和外国专家局建立国家一级的国外人才资源总库。遗憾的是，专家库建设一直比较迟缓，且存在九龙治水、各自为政、难以统一的情况。

除了中央以外，各地方政府也在积极探索吸引海外人才的供需对接机制，力图建立起与中央部委相匹配的人才供需对接机制。尤其是东部沿海地区，经济开放程度相对较高，对于海外人才供需信息相对较为敏感。

此外，企事业单位作为用人主体，对于人才需求最为敏感，对于留学人才需求的类型、数量、海外人才使用的成本收益情况等也最有发言权。但是，由于主客观等多种条件的限制，我国企事业单位的海外人才供需对接机制还很不完善。目前，企业在海外人才供需对接方面主要有两大机制实现供需双方的接洽：第一，企事业单位借助政府发布的产业引导目录和海外人才需求目录引进人才。在这一对接机制里，政府往往以意见征询、用人需求调研等形式了解用人单位的人才需求情况，在根据相关调查了解的数据，同时结合相关国家战略规划、产业发展规划目录等建立人才需求目录。在这一目录中往往包含海外人才的需求目录。另外，教育部留学服务中心每年会发布"关于征询用人单位引进留学人才计划的通知"，并向各用人单位（独立法人公司）征询需要引进的留学人才计划需求数的年度计划等。第二，企事业用人单位自己主动发布相关的招聘信息。通过市场自主招聘的形式延揽海外人才，一般来说，企事业用人单位会在年底或第二年年初制订和发布本单位的招聘计划，同时对相关海外人才的资质要求等给予明确说明。

就这两个渠道来说，前一种中企业在吸引海外人才方面缺乏一定的自主权，需要按照政府的目录进行，同时受制于政府的海外人才需求调查质量的高低和政府自身价值目标；就第二个对接机制而言，虽然企业在决定需要什么样的人才方面有较大的自主权，但是，企业的人才引进力度仍受制于政府的相关政策。如果企业所需的留学人才没有在政府的引才目录范畴内，那么往往难以享受到相关的政策优惠。

第二节　人才评价发现机制

海外人才评价发现机制是指对海外人才学历、资历、能力以及留学回国人员所持项目的鉴定和评价，包括对留学人员的资格认定、留学人员水平评价以及对留学人员所持项目的评审等。它有助于在对接机制之后进一步实现留学人才的有效配置和高效使用。

一、评价主体

当前，政府仍然是海外人才评价的重要主体。从目前各类海外引才计划的实际运作看，对于海外人才的评价主要是由政府直接组织和实施，从海外人才引才通知发布，到海外人才评价专家委员会的选择，以及具体的评价流程设计、评价结果公布等，均由政府有关的职能部门具体操作。各级政府部门在遴选和组建海外人才专家评价委员会时主要以国内知名高校的专家为主，主要考虑的标准是专家所属的高校或科研机构的知名度、专家本身的知名度等，而对专家本身业务水平、专家新近研究兴趣点等关注不够。这难免导致部分专家对海外人才专业技能、科研领域等不够了解的情况，甚至出现外行评价内行的情况。在极少数地区，甚至还存在本土专家轻视留学人才的情况。

政府主体的人才评价在保证高效协调的同时，也带来了评价主体结构单一、视野偏窄等问题。由于目前我国吸引海外人才的主要项目来自政府部门，政府部门垄断着海外人才"评价市场"，参与海外人才评价的市场组织和社会组织发育迟缓，甚少表现。虽然在部分经济相对较为发达的地区尝试引入市场力量参与对海外人才的评价，但总体而言，这些还只是零星摸索，尚难成为评价主体的主要构成部分。

相比政府主导的人才评价，用人单位自己对海外人才的评价更多的是从海外人才的使用价值、发展期望、品德素质等方面进行观察和分析，更能体现实用性。概括起来，用人单位的人才评价主要通过三方面主体得以实施：一是企事业单位自身人力资源管理部门对海外人才进行能力和素质的评估，尤其是结合工作岗位需求，分析其匹配度。这种形式的评估带有"自评"的性质。二是由专业的猎头公司帮助企业招揽高端人才，由猎头公司运用一系列的人才测评技术和手段对海外人才进行分析评价。一般来说，猎头公司对海外人才的评价更为专业，评价更具有客观性，但是费用相对较高，只有大中型企业或较大的事业单位，或者是在一些较为关键的职位上才会采取这种评价形式。三是企事业单位聘请国内外独立第三方的评价机构。与第二点不同的是，这一类人才评价机构大多是非营利类型的组织，如人才协会等，由他们协助企事业用人单位对海外人才进行评价。这种评价也相对较为独立和客观，但是评价效率有时会偏低，人才测评技术手段有时会不足。

二、评价程序

程序公正、健全是确保海外人才评价机制有效运行的重要保障。中央及各地方政府均开展了各种类型的探索，在海外人才评价程序方面取得了一定的成绩，同时也存在一些有待完善的地方。

第一，各级政府依法行政的意识有所增强，从工作流程的角度提出要建立健全相关的海外人才评价程序。尽管评价程序在执行过程中会受到人为因素的干预，甚至可能成为束之高阁的形式化的制度，但是，建立评价程序或者提出要建立评价程序还是体现为一种行政文明之进步。

第二，各类海外人才评价程序逐渐形成一定的模式。尽管目前尚无全国统一形式的海外人才评价程序或操作规范，但是，基于各地实践可以看出，各级政府的海外人才评价程序大多为人才需求发布—申请—人才评价专家委员会组建—人才评价实施—评价结果公布公示—海外人才入选或资助实施。各地对这一流程的具体细节部分又各有探索。企业自身的人才评价流程概括起来总体包括六个环节：①进行工作分析，职位分析，了解职位需求；②选择最能够有效对目标行为进行预测的测评计划；③开展独立评估，选择人才测评工具对海外人才进行测试；④使用标准对海外人才进行分类；⑤按照职位需求和测试结果，依据一定的评价标准对海外人才的使用进行决策；⑥海外人才评价结构反馈。

第三，评价流程大体符合现实工作需要，但是存在两大明显不足的地方：第一个方面是对于吸引海外人才的主动性不足；第二个方面的不足是海外人才评价专家委员会的组建这一关键环节没有细化，亦没有通过公开、公示等相关程序取得评价相关利益主体的高度认可。事实上，只有建立健全一个公开透明、公正科学，并广泛赢得利益相关方认可的评价流程，才能让符合需要的海外人才脱颖而出，也才能形成广泛的社会认同。

第四，在海外人才评价实施环节逐步探索多样化的评价方法。在评价实施过程中，各地也在不断探索完善评价流程，例如采取匿名评价，评价开始前专家随机选择、配置等，避免人情关系因素的干扰等。

第五，海外人才评价程序建设和运行过程中存在"入口严、出口松"的情况，即对海外人才的申请评价相对较为严格，但是对海外人才工作的中期绩效或工作业绩的最终成果的评价等不够重视，甚至是缺乏相关程序设计。从管理和服务工作需要出发，有必要根据个体差异以及海外教育情况、海外工作经历、所属行业和领域情况等设定海外人才急需紧缺评价指标体系，为海外人才分类引进工作提供基础。

三、评价标准

评价标准直接影响着人才评价的效果。近年来，国家和地方在海外人才评价标准方面做了一些探索。国家人事部2000年7月印发的《关于鼓励海外高层次留学人才回国工作的意见》中对"海外高层次留学人才"的界定标准为：我国公派或自费出国留学，学成后在海外从事科研、教学、工程技术、金融、管理等工作并取得显著成绩，为国内急需的高级管理人才、高级专业技术人才、学术技术带头人，以及拥有较好产业化开发前景的专利、发明或专有技术的人才。海外留学人员为国服务是指在海外学习或完成学业后在国外工作的留学人员及海外留学人员专业团体，以自己的专业和专业团体的优势，通过在国内兼职，接受委托在国内外开展合作研究，回国讲学、进行学术技术交流，在国内创办企业，从事考察咨询活动，开展中介服务等形式，为促进国家经济社会发展而开展的各种活动。

第三节　创新创业支持机制

为有效拉动海外人才回国（来华）创新创业，政府还启动了工作和创业相关的支持机制。其中，工作支持机制是指对人才回国（来华）工作给予硬件及软环境的支持，包括项目研发资助、成果转化资助、团队资助等；创业支持机制是指对人才回国（来华）创业给予便利及扶持，包括提供创业资助、创业场租补贴等。当前的海外人才创新创业支持机制主要包括资金资助、政策支持以及载体支撑三个方面。

一、资金资助

资金资助是当前海外人才支持的主要方式，从千人计划的大手笔支持到留学人员科技活动项目择优资助等，均对海外人才回国（来华）工作的资金资助做出了明确规定。资金资助有两种方式，一是基本普惠型的资助机制，主要是依据海外人才所具备的相关资格条件进行资助，只要具备某一资助项目的资格条件或入围某一人才资助项目，即可获得该笔资助资金；二是择优竞争性资助机制，这一带有竞争性的资助机制需要海外人才等凭借相关成果或研究和创业的设想等来竞争相关的资金项目，实行差额选择的方式。

　　具体而言，"千人计划"入选者由中央组织部、人力资源社会保障部授予"国家特聘专家"称号，中央财政给予每人100万元人民币的一次性资助，有关地方或部门给予配套支持。"高层次留学人才回国资助"项目主要针对我国紧缺的海外高层次人才引进制度，资助对象主要为我国急需发展的信息科学、生命科学、新材料、新能源、先进制造业、航空航天等领域，以及关系国计民生或有重要影响的行业引进高级专家或高级管理人才。在资助额度方面，由中央财政一次性提供工作资助金30万元人民币，各有关地区和部门提供至少1：1比例的配套资金。"留学人员科技活动项目择优资助"项目对留学回国人员从事国家或省部级重点攻关项目、重大技术改造项目、具有广泛应用前景的新技术研究开发等项目进行资助，分为三档：重点项目资助，额度为10万～20万元；优秀资助项目，额度为5万～10万元；项目启动资助，额度为2万～5万元。

　　各地区、部门积极营造宽松良好的科研环境，在高层次留学人才科研项目经费等方面给予支持。特别优秀、国内急需的高层次留学人才回国工作，人事部门会同有关部门资助专项经费。

　　除了直接的物质奖励和资助以外，目前海外人才工作支持机制还专门就工作相关的制度壁垒给予各项支持的政策设计，内容主要围绕海外人才回国（来华）工作有关普遍性、基础性问题给予激励和保障的政策安排，涉及身份认定、工龄计算、收入分配、职称评定、知识产权保护以及科研用品进口优惠等，具体由各相关职能部门具体落实各项支持工作。

二、政策支持

　　20世纪80年代以来，有关部门为鼓励留学人员回国制定出台了一系列支持政策，从职称评定、项目申请、税收优惠、工资激励、表彰奖励、知识产权保护以及投融资支持等方面都给予了一定程度的优惠甚至倾斜。其中，工作方面的政策支持主要集中在解决职称和职业资格认定问题上，在项目申请方面给予支持以及创新科研管理体制等；创业方面的政策支持主要集中在放宽行政审批、给予税收优惠、提供技术转化和研发支持以及拉动投融资等。

以个税或企业所得税的减免和返还为主要形式的税收优惠，是各地普遍采用的人才优惠政策。例如，在个人所得税方面，南京规定对职务科技成果以股份或出资比例等股权形式给予科技人员个人奖励，暂不征收个人所得税。紫金人才计划还对人才获得经费补贴、科技或人才奖励收入做出免征个人所得税的优惠。在企业方面，南京提出对于特殊企业，3年内返还企业所得税用于支持研发；新创办科技创业型企业所缴纳企业所得税新增部分的地方留成部分，3年内返还企业用于支持研发。宁波的做法是对高层次人才5年内个人所得税地方留存部分给予补贴返还；对创新型初创企业5年内企业所得税、增值税、营业税地方留成部分给予全额奖励返还；对于创业投资机构以股权方式投资高新技术企业满2年的，按照其投资额的70%抵扣当年应纳税所得额。

随着创新驱动发展战略的推进，科技成果转化成为焦点。引导民间资本共同设立科技成果转化基金，支持各类人才和企业进行科技成果转化在海外人才创新创业政策支持中的地位日益突出。

中小企业政策支持集中在投融资方面。从中小企业融资周期理论看，处于成长阶段的中小企业由于自身企业规模的限制，内源资金不足，外源融资受限，是否能获得较为充足的资金支持是中小企业能否生存和发展的关键阶段。科技型中小企业具有高风险、高成长性、高附加值的特点，是国家创新体系中最具活力和发展前景的重要元素，是产业结构的调整和优化、实现经济稳定增长的杠杆和支撑点。在投融资方面，目前的支持机制正日益向政府引导、社会参与的模式发展，新招频出。

三、载体支撑

海外人才最需要、最看重的是有助于其事业发展的平台，实验室、产业园、孵化器等人才创新创业的载体作为海外人才回国（来华）发展的重要依托，构成了海外人才支持机制的重要组成。在创业型人才的平台支撑方面，留学人员创业园和海外高层次人才创新创业基地是吸引留学人员、承载留学人员创新创业工作的重要载体。

各地实践表明，根据留学人员的特点和需求提供良好的软硬件服务，留学人员创业园的宗旨大多设定为建立一个为留学人员回国创业开展各种类型服务的平台，利用这个平台将留学人员这一高素质的人力资源与国内现有政策、资金、市场、知识等发展高新技术产业的资源进行汇聚、整合，从而加速我国高新技术成果商品化、产业化和国际化进程。留学人员创业园的基本功能是借鉴和吸收国外发达国家和地区的先进技术，同时推动我国技术革新和自主创新能力，培育具有国际竞争力的高新技术企业和具有国际视野的企业家。从对留学人员的服务的角度来说，留学人员创业园向留学人员及其创业企业提供的服务主要有：提供经营场地，建设园区基础设施，提供政策咨询，提供工商税务代理服务、管理咨询和培训，给部分企业提供技术顾问，开展投融资服务，提供法律指导和市场推广。这种全方位的服务有利于降低留学人员回国创业的风险和创业成本，加快留学人员创业企业的发展。除了直接提供相关服务外，留学人员创业园还承担着部分行政性事务。

各地留学人员创业园管理委员会的建制存在较大的差别，在组织性质方面也不尽一致。有的地方政府将留学人员创业园管理委员会纳入行政机构范畴，有的列为事业单位，还有的将其作为人社部门下属的事业单位或执行机构，甚至有的地方政府将留创园管理部门设置为独立的公司或企业。通过多年摸索与实践，留创园已成为我国实施自主创新战略的一个重要载体，其发展也呈现一些新的特征。在发展过程中，一些留创园在投融资服务、公共技术平台服务和产学研支撑、市场推广与宣传服务、企业辅导与互动交流服务、企业国际化孵化服务等方面展现出了各自特色，并不断创新拓展。当然，在创新型人才的平台支撑方面，以人才集聚、技术集聚为特点的各类研究院、实验室是海外人才工作支持不可或缺的重要载体。

第四节　人才服务保障机制

做好服务海外高层次人才工作是引进、留住、用好海外高层次人才的关键环节和前提保障。海外人才服务保障机制是指为保障留学人员顺利回国工作和生活而采取的一系列手段、措施和方法。在服务内容上主要包括完善海外人才等的出入境、户籍管理、医疗保障、社会保险、计划生育、子女入学、配偶就业服务等。在服务方式上，目前主要有几下方式：

一、政府直接提供人才公共服务

公共服务是对政府满足社会公共需要，以权力运作方式提供公共产品的劳务和服务行为的总称。公共服务存在非竞争性、非排他性的特点，由市场供给公共服务会因"搭便车""外部效应"、信息不对称等原因造成资源配置的低效率。与市场途径相比，政府直接提供公共服务的最大优势在于三个方面：一是其权威的广泛性，能有效避免"搭便车"现象；二是政府是唯一能够合法使用强制力的组织，能减少"外部效应"所造成的效率损失；三是有充足的资源作保障。其中，人事人才公共服务是政府公共服务的重要组成部分，是政府人才服务机构的基本职责任务。很多地方以政府直接提供人才公共服务的方式，力争"引得进"人才的同时"留得住"人才。为了方便海外人才尽快熟悉国内各项引才政策和办事流程，为其提供工作便利，各地方政府甚至还推出了保姆式的服务。

二、吸纳社会力量参与服务提供

20世纪80年代以来，公共服务社会化成为世界各国行政改革实践的核心去向。所谓公共服务社会化，并非意味着政府在公共服务领域的退出，而是指政府调动社会和市场的积极性，通过吸纳社会力量来改革公共服务供给方式，以降低供给成本，提高服务质量和效率。构建"海外人才"与社会资源的衔接机制是各地政府探索的一个重要内容。

三、政府购买专业化人才公共服务

政府购买公共服务是指政府将原本由其直接提供的公共服务，通过公开招标或直接购买的方式构建契约关系，由非营利组织或者营利组织等其他主体来提供公共服务。这种模式源于20世纪50年代西方经济学界对"政府失败"的反思，为寻找新的公共服务供给体制的必要性，奥斯特罗姆等学者对公共服务的提供与生产两个概念的区分，认为原本由政府直接供给的公共服务，也可以由私人部门生产，这为革新公共服务的供给方式提供了理论支持。20世纪80年代后，政府购买公共服务作为政府提供公共服务的一种创新方式，逐渐成为一种世界性的制度安排。近年来，我国政府购买公共服务在居家养老、司法矫正、社区服务等方面已经有了不少尝试，逐渐成为政府提高公共服务水平的重要途径。

在"基本公共服务均等化"的战略指导下，我国人才公共服务机构数量也迅速攀升，基本形成了覆盖全国的人才公共服务网络，逐步建立起以政府供给为主，其他主体（私营企业和非营利组织）共同参与的"一主提供，多元生产"的人才公共服务机制。当前，部分地区在购买人才公共服务方面也进行了有益探索，如上海市闵行区政府通过政府购买公共服务方式，向"高端人才服务中心"为海外引进的人才购买"管家式"服务。区政府相关部门每年要对"高端人才服务中心"进行考核，据此决定第二年是否继续购买服务。"高端人才服务中心"对员工采用年薪制，绩效与收入密切挂钩。通过"政府购买公共服务"的模式，闵行区政府在动员社会力量的同时，为高端人才提供了全面、细致、贴身的管家式保障服务。但总体来说，政府购买公共服务的方式在海外人才保障服务政策体系中应用较少，仅限于住房保障、出入境、户籍管理、医疗保障、社会保险、计划生育、子女入学、配偶就业服务等基本领域，难以满足海外人才多样化、高端化、专业性的需求，急需进一步引进市场化的力量提供专业化服务，使海外人才"引得进、留得住、用得好"。

从目前各地海外人才引进服务机制的运行来看，拓展服务的载体和内容建立精细化、专业化、平台化、常态化的服务机制已逐渐成为人才服务的发展趋势。以无锡为例，近年来，无锡为打造海外人才创业高地积极搭建引才服务平台，优化引才战略：一是项目服务精细化。主要通过建立人才招聘、市场营销、企业融资、法律服务、创业辅导、生活保障六大创业服务平台，为企业提供有针对性的创业服务。二是行政服务专业化。通过设立人才创业服务中心和项目促进中心，为企业提供专门性服务。三是创业服务平台化。目前，无锡市已经基本建成了6＋2服务平台为主的创业服务体系和7个公共科技服务平台。6＋2服务平台指的是6个针对企业业务的服务平台，包括生活辅助平台（子女入学、驾照换领等）、人力资源平台（人才招聘、猎头、人事外包）、资金融资平台、创业辅导平台、法律平台、国际营销平台，2个信息交流平台，包括一个线上平台，一个线下平台（联谊会、新春团拜、行业沙龙、产业联盟）。7个公共科技服务平台包括集成电路公共科技服务平台、生物医药公共科技服务平台等。

第五节　政府引才工作机制

引才工作机制指的是与吸引海外人才工作相关的各项程序和规则，涉及政府、市场和社会多方主体，贯穿于引才工作的各环节。在党管人才的总体格局下，当前我国海外人才引进工作由组织部门牵头抓总，人力资源和社会保障部门是政府引才工作的综合管理部门，外国专家局具体负责外国专家的引进，人力资源社会保障部专业技术人员管理司具体负责留学人员的引进，教育、科技、外交、公安等相关部门在各自的职能范围内发挥各自作用，参与海外人才引进工作。总体来看，政府仍是我国引进海外人才的主体，不仅承担着战略规划、政策设计、制度安排等引才机制运行的基础性工作，还广泛而直接地参与各项引才工作，包括从项目推动、服务提供等方面直接参与引才的具体工作。与此同时，社会组织、市场组织等在吸引留学人员回国方面发挥着越来越重要的作用。

一、中央层面的工作机制

在中央层面，有国家层面的议事协调机构——中央人才工作协调小组（中央西部地区人才开发协调小组），其办事机构设在中央组织部人才工作局。在政府方面，参与海外引才的主要部委包括人社部、教育部、科技部、财政部、外交部、国家发展改革委、公安部、商务部、人民银行、国资委、国务院侨办、国家外专局、海关总署、税务总局、工商总局。

在引进留学人员方面，人力资源和社会保障部是政府留学人员工作综合管理部门，由专业技术人员管理司承担相关工作。具体职能包括：一是负责制定留学人员回国工作规划；二是组织拟订吸引留学人员回国工作、创业、为国服务的政策法规；三是建立和完善留学人员回国服务体系，归口管理、指导留学人员创业园和留学人员工作站，会同有关部门开展海外人才智力交流活动；四是会同有关部门开展留学回国人员表彰工作；五是负责留学人员回国安置、跨地区跨部门调整和有关的科研经费资助工作；六是承担留学人员回国服务工作部际联席会议的有关工作。

在引进外国专家方面，国家外国专家局是主管国外智力引进的行政机构，主要负责管理来华工作的外国专家，包括经济技术和管理领域、教科文卫系统、外商投资企业、随引进项目合同和重点建设工程来华等外国专家及香港特别行政区、澳门特别行政区、台湾地区专家。外专局一是负责国家专项经费资助的重点外国专家聘请计划审批，组织实施国家重点聘请外国专家规划；二是编报引进国外智力专项经费预算，对经费使用进行监督检查。协助处理引进国外智力中的重大事件；三是建立引进国外智力服务体系，规范引进国外智力中介组织，负责引进国外智力信息管理工作等。根据政府职能转变的要求，目前外专局对其职责做了以下主要调整：一是取消已由国务院公布取消的行政审批事项；二是将国务院履行出资人职责企业以外的企业、中等以下教育机构聘请外国专家单位资格认可职责交给地方政府；三是将引进国外智力信息系统建设及维护工作交给事业单位；四是减少直接管理的引进外国专家数量，提高引进外国专家的层次，加强引进高层次专家和紧缺专家的职责。

中央层面参与留学人员引才工作的部委最重要的协同机制是部际联席会议的工作机制。联席会议的职责是：学习贯彻党中央、国务院关于留学人员回国工作和为国服务的方针、政策；了解掌握全国留学人员回国服务情况；就留学人员回国工作和为国服务的相关政策性问题提出建议；加强部际沟通协作；指导各地区、各部门留学人员回国和为国服务工作。联席会议的成员单位包括人事部（现人社部）、教育部、科技部、财政部、外交部、公安部、国家计委、国家经贸委、外经贸部、中国人民银行、中国科学院、国家外国专家局12个部门。其中，人事部（现人社部）为联席会议组长单位，联席会议组长由人社部领导同志担任；副组长单位为教育部、科技部、财政部，副组长由教育部、科技部、财政部领导同志担任；联席会议成员为各部门负责留学人员工作的有关司局领导同志。

联席会议工作规则是联席会议原则上每半年召开一次例会。根据工作需要，或按照领导同志指示，可以临时召集会议。出席会议人员根据会议议题确定。联席会议的议题主要包括：传达、贯彻党中央、国务院领导关于留学人员回国工作或为国服务的指示精神；研究留学回国工作的新情况、新问题；讨论需要沟通的政策规定及有关重点工作；交流通报留学回国工作情况；就有关工作进行协商并提出落实办法。对有关留学回国工作的重大问题，经联席会议研究后，以联席会名义报国务院审定。各成员单位在各自的职责范围内开展工作。

实践证明，联席会议制度在协调留学人员引才主体的工作方面确实发挥了重要的作用：一是有助于留学人员信息沟通交流，梳理留学人员出口和回国的相关数据，包括数量、专业、需求等；二是有助于协同不同部门的工作目标，通过联席会议制度，使不同部门更加重视留学人员引才工作的同时，在制定工作计划、任务目标的过程中能够兼顾彼此的要求，协调工作节奏等；三是有助于共享留学人员引才工作资源，发挥交流、互补的作用，充分挖掘留学人员工作资源，例如，引才工作人员、工作平台、流程设计，等等。当然，联席会议制度还存在一些不足，例如，联席会议制度的决议对不同部门、不同留学人员引才主体的约束力并不明显；联席会议制度中工作机制不够明晰，不同部门角色定位尚不清晰，因而在协调工作过程中难免出现"互不买账"的情况；联席会议制度所布置的工作在不同部门的政策议程上往往可能因为其他工作议程而被人为随意地修改或置换，甚至被移出议事日程；联席会议制度在闭会期间的工作联络机制不够健全，导致联席会议制度在闭会期间工作效率欠佳，等等。

二、地方层面的工作机制

地方政府吸引留学人员回国工作的政府部门参照中央的架构，各级组织部门作为牵头抓总单位，负责引才的总体规划和协调，人社部门具体负责各类引才政策的制定以及各项引才项目或计划的实施等，科技、教育、财政、公安、发改委等部门从各自的职能角度开展工作，落实具体的政策，做好政策的配套和衔接。目前，地方也相应建立了留学人员回国服务工作联席会议机制。此外，近年来一些地方尝试建立定期交流制度，用以加强各地区、部门、行业间的交流合作，一方面交流工作经验，另一方面方便推广引才工作过程中的成功经验与典范。然而，现实情况是不同省市地区之间横向交流工作制度建设相对滞后。

总体而言，地方政府在建立健全和创新发展本地引进留学人员的体制机制过程中，一方面是遵循和仿效中央一级政府的做法，构建与中央一级留学人员引才机制相对应的机构、设定大致相同的职能，仿效中央政策、项目等出台本地的政策和项目；另一方面尝试结合本地实际，创建具有本地特色的留学人员引才机制，包括在引才范围、目标，吸引留学人员的组织机构等方面，并具有一定创新性。

第四章　海外高层次人才引进的经验借鉴

第一节　国际高层次人才引进竞争概况

当今世界，各国之间激烈的经济竞争、综合国力的竞争，在很大程度上表现为科学技术的竞争，而归根到底又是人才尤其是高端人才的竞争。知识经济时代的到来，使得经济社会发展对人才特别是高端人才的需求不断增加，能否在全球人才大战中争得先机，将成为是否能够在新一轮经济和产业革命中获得竞争优势的决定因素；而随着经济全球化日益深入，高端人才的国际流动日趋频繁，世界各国都在争抢有限的全球人才存量资源。

总体而言，国际上高层次人才的引进具有竞争态势白热化、竞争手段多样化两个基本特征，而竞争手段多样化是竞争态势白热化的重要表现。竞争手段多样化主要是引进方法和手段的创新，以及在"不求拥有，但求有用"诉求下以智力引进为代表的柔性引才模式的确立。竞争手段多样化表明，海外高层次人才政策在人才使用中的工具功能十分强大。竞争手段的多样化使得国际高层次人才在国家间流动的规模更庞大、渠道更多元、方式更加丰富，形成了错综复杂的网络关系。

多年来，发达国家一直是国际高端人才争夺的受益者，通过适当的移民和签证制度，大量吸引着大量的外国留学生和海外移民。对于广大发展中国家或地区而言，通过提供各类优厚待遇和创业创新机会，吸引本国裔的海外人才回国，也成为提高高端人才竞争力的重要手段。面对国际上激烈的高端人才争夺，考虑到经济产业转型的迫切需求，能否吸引到众多的高科技人才，将关系着中国在未来几十年几百年的经济社会发展状况。中国具有最为庞大的潜在海外智力资源储备，通过制定科学有效的引才政策，最有可能吸引到全世界范围内一定数量的海外华裔和非华裔高端人才回国（来华）创新创业。

利用跨国企业争夺海外高端人才是海外高层次人才引进竞争的重要表现。将跨国企业本地化，通过兼并联合、重组收购等方式，跨国企业成为重要的海外智力吸附器，特别是全球行业领先企业在投资国借助于其强大的企业影响力，成为其母国利用海外高端智力资源的重要抓手。跨国企业在充分利用投资国高端人力资源，无形中与其投资国之间形成了纷繁复杂的竞争关系。通过跨国公司实施"人才本土化"战略招募分支机构所在国的大量优秀人才，设立海外研发机构网络研发人才，海外兼并企业招聘高级经营人才，进而集聚全球高级人才，为实施其科技战略意图提供有力的人才支撑。

海外人才网络库建设和信息化手段使用表明，海外高层次人才引进竞争已经从本国"杀"到目的国的家门口。通过建立人才库，一些国家的大学、企业、政府会把引进的目标锁定在若干急需人才身上；通过赴海外招聘宣传活动，提升本土人才政策的全球影响力，与海外人才社会团体建立固定的网络联系。

一、高层次人才引进竞争概况

在海外高层次人才政策模式框架中，高薪引才早已不在话下，各国政府和大学所建的重大科研装置、科技条件保障、社会基础设施竞相比拼，研发经费不断攀升，考虑到国外尤其是发达国家人头费在研究与试验开发经费

（R&D）投入中的较高比例，其实际上的引才相关投资之高不难想见。合作研究是近年来又一比较普遍的措施，通过合作研究可以达到不引进人才而实质上引进人才的目的，使得高端智力资源自然流入本国，同时还可以提升本国科技研发水平，提升创新的全球影响力，最大限度地获得科学家、工程技术人员的知识经验和富有创造性的成果。当然，这种模式更多是针对高层次科技创新人才为主，而非高层次创业人才。猎头引才是国际上引才竞争的重要创新，在发达市场经济体中运用比较广泛，猎头产业可以提升到执行和落实国家海外高层次人才战略的高度。这种看上去像是拆东墙补西墙的猎头行当，客观上起到了"人尽其才"的作用。信息化手段是近年来讨论较多的一个海外引才途径或手段，主要方式为建立人才信息平台，宣传海外人才政策，提供创新创业信息等。信息化水平的提升，可以有效改善海外引才中的信息孤岛现象，保障资源共享，提升海外引才行政资源配置效率。

（一）人才战略重要性日益突出

从历史的角度来看，助推全球竞争力的来源大致经历了货物流主导、资金流主导阶段，在世界多极化、经济全球化背景下，越来越依赖于人才及其凝聚于内心的知识、技术、创新、创意和创意的精神。当前避免经济螺旋式衰退、社会动荡、贸易保护主义和民族主义盛行的解药就是，从资本主义跨越到发展以人才、开拓和创新精神为中心的"人才主义"。世界正在进入一个"人智时代"的新纪元，人类潜能将成为经济发展的主要动力，成为经济、政治和社会各方面发展和进步的催化剂和驱动力，如何释放人本精神、发挥人类潜能，将成为今后发展必须达成的最终目标。显然，在全球范围内，无论是宏观层面还是微观层面的组织，都把人才问题作为重要的战略问题来思谋，都对掌握先进知识技术、具有发展能力的人才具有强劲的需求，吸引、集聚和留住这些人才，也就意味着集聚和留住了能够突破现有发展模式、提供未来发展动力的潜在的资源，对未来发展具有重要意义。

（二）人才短缺常态化趋势明显

在人才的战略重要性日益凸显的背景下，人才特别是高端人才的价值重要性为世人瞩目，人才需求在相当长的一段时期内将会呈现只增不减的特征；但从人才供给的角度来看，人才供给的有限性将是一个突出问题，未来很长一段时间内，人才短缺的常态化趋势将会非常明显。从人才紧缺的类别来看，2020年各国最为紧缺的人才主要集中在服务业领域，其中信息技术、商务服务等领域人才最为紧缺，同时各国在制造业、工程制造等方面人才也存在一定的紧缺。2030年各国最为紧缺的人才依然集中在服务业领域，但紧缺程度要比2020年更为严重，其中最为紧缺的是教育、健康领域；同时各国在第二产业的人才紧缺也存在一定的紧缺。

导致人才短缺长期化、常态化的原因是多方面的：一是欧美、日本等发达国家人口老龄化、少子化趋势明显，从源头上限制了人才供给的规模。二是人才培养与人才需求的矛盾，一方面人才的需求快速增长差异化、多样化明显，另一方面人才培养具有延时滞后性、通用性等特点，这些都造成了人才质量上的供给能力往往滞后于对人才的需求。三是人才供给的结构与人才需求之间的矛盾。其一，人才专业偏科的现象比较严重。以对创新至关重要的科学技术人才为例，目前欧美发达国家青年学生大多愿意选择社会科学、人文学科的相关专业，而选择科学技术、工程等专业的人数在连年下降，直接导致了潜在科技创新人才供给的偏少。其二，科学技术工程内部存在壁垒，虽然大类别都属于理工科，但是进了大门还有小门，小门之内的人才供给是有限的，特别是传统学科、通用性学科，专业的人才供给较多，而新兴的、边缘性学科的供给少，往往造成"进了大门有小门，小门之间难串门"现象时有发生，科学、技术、工程之间的内部分野越来越厉害，界限越来越明显，跨越难度越来越大，直接导致人才供给的结构空间也越来越小。四是人才现有的知识能力结构与发展的要求之间的矛盾。知识、技术更新、更替的频率越来越快，以致人才的知识、能力的供给往往跟不上时代发展的要求。五是传统的人才供给来源国的转变也在一定意义上加速了人才短缺，一些原本是发达国家持续的人才供给来源国，例如中国、印度等国家基于自身的战略需要开始调整人才战略，从单向度的人才流出开始转向吸引和集聚人才，这导致了全球人才供给格局发生转变，人才供给更加捉襟见肘。由此可见，全球人才紧缺的状态将长期存在，全球人力资源需求大战即将成为国家竞争力最主要的战场。

（三）人才流动国际化进程加快

解决人才短缺常态化、长期化问题的根本策略，总体来说有两种：其一是通过人才培养的内生方式来充实，其二是通过引进和集聚的外生方式来填补。在要素流动日益全球化，交通、信息等阻碍流动的瓶颈在日渐被突破的背景下，在人才自身更多自主选择国际流动的情景下，各国也多采用人才引进的策略，加快高层次人才的集聚。在这样的合力下，人才流动国际化进程加快，呈现出新的特点：一是人才的国际流动意愿在加强。二是人才国际流动的规模在不断扩大、速度在不断加快。三是人才国际流动的网络化特征日益明显。从技术移民的角度来看，最初的人才国际流动主要是由欧美跨国公司推动的，大多是有发达国家向海外公司外派员工模式，属于单向度的流动。紧随其后的是，随着新兴市场的发展，人才流动出现了双向流动的趋势：既有外派的模式，也有人才回流的趋势；既有从东方向西方的流动，也有西方向东方的流动；同时还出现了洲际之间的流动。而目前，人才的流动不再是单向度的人才流入或流失，也不是封闭的人才流出和回流，而是在开放的系统中由众多人才输出国（母国）、人才流入地和第三目的地构成的人才网络。

（四）人才全球竞争白热化程度加剧

很多研究已经证实，全球人才与全球竞争力密切相关；与此同时，人才的短缺会影响人才的国际流动，人才流动反过来又会对人才的短缺产生影响。在这个多重影响之中，各国都不愿意在其中落跑，都在以其自身的竞争优势参与全球的人才竞争。许多国家和地区推出更加主动、积极的人才引进政策，将更多的橄榄枝伸向了有才华、有技能的人才。随着粤港澳大湾区建设不断深入，澳门拟定计划推出高端人才计划、优秀人才计划、高级专业人才计划，首阶段优先引进大健康、现代金融、高新科技及文化体育四大新产业的人才；作为国际金融中心和财富管理中心之一的新加坡，于2022年8月底推出顶级专才准证，并于2023年1月1日起接受申请，加入国际人才争夺战；加拿大最新公布了《2023—2025年移民水平计划》，未来三年加拿大的移民目标配额创历史新高，合计高达145万个，重点引进经济类移民；2022年5月下旬，英国宣布推出高潜力人才签证计划（HPI），为符合要求的全球Top50高校毕业生提供为期2—3年的工作签证，可以携带配偶和18岁以下未婚子女赴英国生活居住、生活。可见全球人才竞争已愈演愈烈，全面进入了白热化阶段。

二、全球人才竞争对我国人才发展的新挑战

全球人才竞争如火如荼，对我国人才发展既产生积极影响，也带来一系列的挑战。从挑战角度，可以从以下几个方面来认识：

（一）人才战略重要性日益凸显的挑战

一是重视人才之于发展不再是一国一地的独门武功，当人们普遍认识到人才的战略重要性并在辅以相应措施的时候，因新世纪以来我国重视人才工

作而获得的比较优势、先行优势可能面临挑战。二是在各国都在检讨既往人才发展的得失、探索抢占未来发展先机的战略并采取相应对策措施的时候，如果没有紧贴时代发展、遵循市场规律和人才规律、满足人才发展需求的人才竞争策略，就会有被取代的危险。三是当发达国家高度重视人才工作并有效融合长期发展进程中积累的资本、技术、信息、市场的优势，采取相应措施作用于人才的时候，我国人才竞争力、人才政策创新与世界一流水平之间、与发达国家之间的距离不是缩小而是更加扩大了，如何在全球竞争中凸显自身的竞争优势和比较优势、确立自己的地位、拓展发展的空间，成为日益突出的现实问题，这就要求我们更加重视人才在未来发展的重要意义，探索更新、更快、更特、更优的人才竞争策略。

（二）人才短缺常态化的挑战

相较于其他国家的人才短缺，我们的总体人口规模是存在的，尽管也面临着人口老龄化、人口红利式微等一系列问题，但是，从全球范围来看，我国人才的规模基础还是存在的。中国已成为世界人力资源大国，国民平均受教育年限高于世界平均水平，且还在不断提升进程中，全国科技人力资源总量已超过美国。另一方面，我国在人才结构上的优势也会给经济转型升级增添强大动力。未来一二十年，我国理工科毕业生规模将在全世界增长最快的行业占有优势。伴随着中国加大重点领域的创新力度，中国的人力资源优势将不再局限于传统劳动力密集型产业领域，对素质有较高要求的信息技术、机械设备、化工等领域也将拥有令世人瞩目的人才储备。这些潜在优势将成为独特的、赢得竞争的重要来源，对未来中国经济社会的发展，乃至对全球经济格局变化将带来不可小觑的推动作用。

但问题在于，全球人才短缺常态化的背景下，我国在人才竞争力上并不具有决定性的竞争优势，如果将发达国家人才短缺视为数量型短缺的话，我国则在质量及治理上的"短板"尤为突出。一是我国人才的最大现实是"大而不强"。二是我国在人才治理上与国际一流水平尚有较大差距，例如，在人才流动配置方面，虽然人力资源服务业有长足的发展，呈现出专业化、多样化、市场化、国际化的发展格局，发挥了市场机制在人才资源配置中的作用，但政府、市场乃至社会的边界尚没有完整的界定，市场的决定性作用还没有很好地发挥，政府在人才工作方面还有不少越位、缺位、错位并存的现象，社会在人才开发中的作用尚未很好地发挥出来。三是我国在人才法治化进程上还有较大努力空间，人才的权益、价值实现等诸方面还缺乏有力法律法规的保障。假使我们在人才问题上仍旧沾沾自喜，跟不上发达国家在改变人才质量、推进人才制度变革上的努力进程，再多的在人才数量上的优势也只是短暂的优势，也有可能在即刻之间转为劣势。

（三）人才流动国际化的挑战

人才流动国际化背景下，我国存在本土人才加速流失、海外人才减少流入并存的两难挑战。人才的流动决策是基于综合个人因素、动机、意愿及其综合环境、综合竞争力共同作用的结果。全球专业人才流动报告显示，提高就业机会（18%）、全新的体验（16%）、增加薪酬的可能（16%）分别是决定人才移居的前3项重要因素。这表明，在要素国际流动日益频繁、流动障碍愈加减少的情况下，对以全球流动作为志向的人才而言，一国一地的吸引力及其能够为人才创造价值的可能性成为一个相当重要的变量，假使不能创造出更多比别的国家、城市更吸引人才的价值，不能为人才提供新的体验，不能为人才提供增加薪酬的可能性，则越来越可能成为全球人才流动的失败者。即：一方面，越来越多的本土人才逃离这个城市、这个地方而到另外的地方谋求发展，导致本土人才的加速流失；另一方面，海外的人才基于个人的决策，越来越不会将缺乏吸引力的地方作为流动目的地，反而趋向于具有吸引力的地方。在这种双重因素的叠加之下，在条件先天不足或并无整体优势的情况下，如再不着手改进的话，则会越来越边缘化，越来越成为人才的净输出地、净流失地。抓住全球人才流动的窗口机遇期，抓紧建构具有吸引力的平台来集聚和吸引优秀的人才，已经成为当前刻不容缓的重要命题。

（四）人才竞争日益白热化的挑战

从全球人才竞争日益白热化的不利影响来看，主要包括三个方面。一是拉大发展差距。当别的国家采取更快更强的策略来参与全球竞争，而我们还是小步前行的话，原本存在的差距会进一步拉大，超越这种差距所需付出的代价、成本会更高。二是凸显竞争劣势。客观而言，我国人才制度和发展环境与国际一流水平还有一定差距，这是我们的竞争劣势，包括：政府、市场、社会等在人才工作中角色、边界尚未界定明晰，市场在人才资源配置中的基础性作用尚未得到有效发挥；有效保障人才各种权益，促进人才脱颖而出，人尽其才、才尽其用、各得其所的人才法律体系还没有完整建立起来；与工作业绩紧密联系、鼓励人才创新创造、充分体现人才价值的分配机制还很不健全，知识、技术、管理、技能等要素参与分配的激励机制还需要进一步完善；推动人才创新创业的融资、税收、政府监管、研发投入、贸易支持、知识产权、政府采购等政策支持体系还有待进一步完善，既影响了人才要素与其他创新要素的结合，又影响了人才创新创业活力的激发。此外，伴随海外人才来华从"精英化"向"大众化"、从"短期化"向"长期化"的转变，人才对公共服务的需求也越来越多、越来越高，原有适应"小众"的公共服务体系及其制度已经不能适应越来越"大众"的要求，必须做出改变，等等。在全球竞争白热化的情景中，我们既要缩短与发达国家的差距、弥补发展短板，又要建构新的发展战略，实现跨越发展。在战略选择上到底以何为重，这是巨大的挑战。三是战略迷失。面对层出不穷、应接不暇的竞争措施，可能造成我们受外界干扰甚至左右，缺乏战略定力、战略自信，导致目标的短期化、举措的功利化。四是零和竞争。在战略竞争中，由于资源的稀缺性、机会的有限性、空间的局限性，必然会造成人才与人才之间的竞争。从公平正义的角度来看，竞争当然是一件好事情，但竞争需要一种符合规范的机制。假使竞争失范，缺少必要的协调、缺乏明晰的战略思路和分寸把握，则可能导致战略趋同或同质化，造成零和博弈，也会造成人才与人才之间的冲突、碰撞乃至内耗，进而造成从人才数量上的优势转化为人才的负资产。

三、我国赢得全球人才竞争优势亟需突破的几个问题

（一）实施更加开放的人才策略

一是绘制全球顶尖技术和团队分布图。围绕产业链高端环节和重点要素，在全球范围内搜集具有行业领先水平、掌握前沿技术的人才和团队信息，绘制全球顶尖技术和团队分布图，建立海外高层次人才数据库系统。二是开发具有自主权的人才数据库，建立全球数据分享机制，向企业发布分布图信息，抢占产业创新链和价值链的高端环节。三是积极嵌入全球人才网络，以国际大都市为坐标，嵌入全球人网络，用开放的气度发现、吸引优秀人才。四是开辟人才流入渠道。既要广泛开辟政府、企业及其内部或外部联盟、高校和科研院所、人力资源服务公司等中介机构、社会团体、国际组织等多种正式渠道，也要加强学术共同体、无形学院、信息网络、可视会议系统、博客等虚拟渠道在引智聚才中的独特作用，做到虚实结合，广引人才。五是实施全球引才项目。深入实施海外高层次人才集聚项目，实施吸引外国留学生支持项目，以项目为纽带，引进世界一流水平、能带来重大经济效益和社会效益的全球精英，加大人才引进力度。六是实施人才、企业"走出去"项目。要坚持政府引导与发挥市场作用相结合，坚持"引进来"与"走出去"相结合，支持人才企业开展国际研发合作，开拓国际空间。七是制定

和实施人才发展推广战略和品牌战略。要明确国家和城市自身发展定位，积极传递核心理念，进一步打造国家和城市品牌，稳步扩大国家和城市影响力，不断提升软实力，以独特的品牌效应吸引人才、汇聚人才。

（二）提供更具竞争力的发展机会

人才的发展来源于获得成长进步的机会，在成长进步中获得的经验不仅可以加速和强化人才的个人能力，还是获得人才满意度的重要来源，因此，要想赢得全球人才竞争，必须把人才的发展机会作为获取人才的重要来源。

一是明晰产业政策，通过发展企业集聚人才。充分挖掘产业政策，全力推动战略性新兴产业和现代服务业的发展，加快重大产业基地及高端领域重要项目的布局和建设，引导人才创新创业；同时，通过产业政策促进企业发展，以此为各类优秀人才创造就业机会、提供理想的薪酬以及发展事业、施展才华的舞台和空间。着力打造产业联盟，以产业内龙头企业为核心，以政府为依托，联系中小企业、中介服务机构、大学与院所等广泛参与，形成基于共同标准和制度的产业共同体，推进产业技术联盟、产业化联盟、市场联盟等多种形式的产业联盟建设，实现从企业内部创新走向外部联合创新。要按照未来发展要求和国家发展要求，抓紧产业发展布局调整，编制重点产业发展导向，加强人才部门和产业部门对接，建立快速会商机制，建立产业人才需求预测制度，引导人才向重点行业、关键领域、科研和生产一线集聚，促进人才合理流动，在重点和优先发展产业形成人才密集区，实现人才和产业相互结合、协调互动。

二是培育一批世界一流的高校和科研院所。实施"世界一流大学计划"，在全球范围吸引优秀人才，推进国际研究项目合作，鼓励建立全球研究联盟，不断提升建设水平。建立政府、企业、社会共同出资基金会，设立面向海外的专门教席或科研资助项目。加快博士后国际化培养进程，吸引海外优秀博士后研究人员进行独立研究。要提供适宜的学术环境，鼓励创新、倡导学术自由、允许挑战权威、宽容失败的学术氛围和潜心研究的环境，注重原创研究。要鼓励科学和技术的融合，人文艺术和科学技术的融合。要提供更有力的支持，包括科研启动经费、住房、医疗、子女保育教育等方面。要建立一批一流的卓越创新中心，聚焦不同专业，加强与具有全球影响力的机构合作，建立科学的、世界一流的院所治理体系。

三是建立标志性人才发展平台。加大人才政策和制度创新，打造人才发展平台，利用先行先试制度优势，形成人才竞争优势、集聚优势和发展优势。要鼓励创新、激励创造、适宜创业，吸引和造就一批具有国际竞争力的企业，促进具有国际竞争力协同创新产业联盟，成为产业发展的重要策源地，并以此集聚优秀人才。建立人才创业支持体系，积极培育中介服务机构，加大人才创业载体、孵化平台、创业苗圃、共性平台等建设力度，提供优质创业服务，扶持创新企业创业发展，打造离成功最近、最有可能成功的逐梦之地，让人才在国家和城市发展中实现和提升价值。完善海外人才服务平台，强化服务功能，为外国人提供多种语言的职业咨询、用人信息、职业介绍等各项服务。

四是构建新一代科技园区。把握科技园区发展的全球趋势，构建科技经济人才效益突出、创新创业创造卓越、工作生活学习一体、产业城市社区融合、宜居宜业宜学、充满活力激情的新一代科技园区。充分发挥创新资源优势，进一步创新体制机制，积极优化园区创新创业环境，建设以一流的基础设施、社会配套设施、生活设施为主体的研发环境、孵化环境、生产环境、人居环境和生态环境。抓紧构建网络创新模式，鼓励多元主体的广泛合作，激励和促进各类创新实践。加快转变政府角色，使政府逐步由"权力中心"转变为将诸多创新实践者连接在一起的"网络中心"，形成政府—大学（或研究所）—企业—社区紧密联合与互动的创新治理机制。

（三）建立更具比较优势的人才制度

要紧紧抓住建设自由贸易试验区、国家教育改革综合试验区等政策创新试验的重要发展契机，建构具有国际竞争优势的人才制度和治理模式。

一是加大人才培养方面的制度创新。加强政产学等相关主体合作，制定未来人才战略和发展路线图，推出人才能力培养框架，共同开发课程，加大人才培养合作力度。加大创新创业教育，培育和塑造不畏风险的"创业精神"。

二是加大人才流动方面的制度创新。要基于自然人流动相关模式，放宽人员进出的管制，让世界一流的人才"零成本"地来、"零成本"地去。第一，研究制定人才细分标准与国际人才评价体系。围绕全球城市发展需求，发挥行业、市场主体作用，研究制定海外优秀及紧缺人才认定办法以及标准；与有关国际组织和行业协会加强合作，研究构建重点产业领域国际人才评价体系。第二，完善永久居留证、签证制度，适当降低永久居留证的申请标准、放宽绿卡申请门槛、简化申请流程，提供快速通关便利。第三，强化人才安全，加强风险控管和应急处理管理，有效应对外国专家、外国人突发事件。

三是加大人才配置方面的制度创新。建立与国际接轨的市场机制，发挥市场体制机制创新，促进人才、科技、资本的快速结合与高度融合。引进海外知名人力资源服务机构，放宽外资股份限制，允许设立外资独资人力资源服务机构。培育具有国际竞争能力的人力资源服务机构和龙头企业，打造国际品牌。积极发展风险投资、私募股权投资，健全多层次资本市场。积极推进科技中介市场化发展进程。要聚焦全球创新热点，向一流科技人才、有经验投资者、商业领袖、连续创业者介绍中国，加大品牌推广力度。

四是加大人才使用环节的制度创新。放宽高层次和紧缺急需的外籍专业人才聘雇限制，加快海外执业资格互认力度，放宽专业服务领域执业限制，探索持境外职业资格的专业人士提供专业服务和实现资格互认的实现途径。推动引进国际资质认证和考试机构，鼓励国内人才取得国际专业资质。重视和支持企业开展研究开发、创新创业活动，建设科研平台，推动企业内部建立有助于人才潜心研究的科研环境。建立符合国际惯例、突出能力业绩、淡化"官本位"的人才管理制度和人才评价制度、服务体系。下放留学回国人员引进、台港澳人员就业、外国人入境就业、特殊工时审批等行政审批权限，直接为人才提供便利服务。

五是加大人才激励保障方面的制度创新，提供在国际上有竞争力的薪酬福利。加大人力资本投资入股力度，积极探索经认定的高层次人才通过知识产权、科技成果、研发技能等人力资本作价出资、入股办法。建立健全以期权、股权等方式分享利益的长效激励机制，充分发挥人才的积极作用。

六是建立现代人才治理模式。要在党管人才格局下，形成由党委统一领导，组织部门牵头抓总，有关部门各司其职、密切配合，社会力量广泛参与的人才工作新格局，构建遵循国际惯例、具有中国特色的现代人才治理模式。正确处理好政府、市场、社会的关系，尤其是充分发挥市场作用的同时，更加明晰地界定政府自身的行为边界，有效发挥社会组织在人才治理中的能动作用。要强化公共服务，建立公共服务体系，创新行政审批制度改革，实现网上集中受理、集中审批，为企业、人才提供电子化、一站式的贴心服务。

（四）提供更加宜居、更具活力的发展环境

良好的环境能够吸引人才、留住人才；相反，环境的恶化可能导致在激烈的竞争中再次成为人才的"流失地"，使得前期通过各类项目、计划、渠道吸引和集聚的人才再次流失，好的人才发展态势亦可能逆转。因此，要注重引进人才的工作环境和生活环境的培育建设。要建设人才公寓，发展经济

适用房，完善城市配套、文化设施、生态环境；允许境外服务提供者经批准设立独资国际学校，其招生范围可扩大至取得国外长期居留权的海外华侨和归国留学人才的子女；允许境外提供者设立独资医院，优化医疗就诊环境，提高医疗服务水平，满足人才医疗需求；要完善购房政策、购车政策，解决人才后顾之忧，使其乐于事业、便于生活。

第二节　世界各国海外人才政策趋向

进入21世纪以来，相对于中国在短时间内密集出台的各类人才计划，国外尤其是发达国家的高层次人才政策相对稳定，且主要表现在为海外人才提供居留资格和生活保障上，而真正为海外人才提供全方位的创新创业支持的国家或政策反而不多。在发达国家，这种情况的出现更多是源于其较为完善的市场经济环境；而在欠发达国家，这种情况可能更多是无力为之或尚未进入政策视野的表现。需要注意的是，由于发达国家和地区没有像中国这样密集地出台海外人才政策，相关政策中对创业创新或者在人才使用主体上的区分并不明显。因此，以下的论述更多是从综合性的角度来看，但在引进强度和力度上，中外普遍具有相似性。

无论是发达国家还是发展中国家，进入21世纪以来都明显加强了对高层次人才的争夺，但高层次人才从发展中国家向发达国家流动的总趋势没有得到根本改观，发展中国家在高层次人才争夺战中依然处于相对劣势。近年来，在发达国家经济相对疲软和新冠疫情的推拉作用下，发展中国家海外人才回流甚至是本国之外人才流入的情况逐渐增多，尤其是以金砖五国为代表的新兴市场经济体，吸纳海外人才的强度明显加大，下面我们简要总结梳理全球其他国家海外人才尤其是高层次人才的引进政策。

一、精英移民政策"连根挖才"

经济全球化背景下，随着国际人口迁移数量日益扩大，精英移民剧增成为一种普遍现象。其中，发达国家优势相对明显，主要源于其完善的市场经济环境，以及与之相关的优越的创新创业氛围。许多国家纷纷改革移民法、国籍法以及推出各种工作签证制度，企图以这种"连根挖取"或"釜底抽薪"式的人才政策变"外国人才"为"为本国效劳的公民"，实现海外高层次人才战略引进。海外高层次人才政策层面的鼓励移民，是政策施行国攫取海外人才较为彻底的手段，通过使之落地生根来达到长期性引入目的，具有长远的战略意义。

二、鼓励国际人才中短期流动

随着经济全球化深入发展，世界各国尤其是发达国家不断地在经济、文化等社会各个层面上对外开放，发展中国家也逐渐被卷入这场全球化运动中来。北美自由贸易区、欧洲联盟、亚洲经济合作发展组织等国际组织的建立使得各国联系更加紧密，资源在全世界范围内的自由流动也更加便利，国际间人才的中短期流动也成了经济全球化的一个突出特点，这也是"人才环流"概念的主要背景。为了促进本国关键核心科学技术领域的长足发展，除移民政策之外，很多国家通常通过设立高额奖学金或者，提供高额科研基金或者建立科研合作组织来支持人才到地区研究机构进行长期或中短期的研究，以此来带动该领域产业的发展。

三、推动本国流失人才回归

这一点主要是针对人才净流失国特别是发展中国家而言的。从全球高层次人才流向上看，从欠发达国家流向欧洲、大洋洲和亚洲部分地区，再从这些地区流向北美地区是其基本趋势，亦被称之为是国际人才流动的"基本流向"。发达国家凭借其在经济、科技、社会资源等方面的优势，大量吸引精英人才加入，而发展中国家特别是欠发达国家一直是国际人才流动的利益受损者。人口大国中国和印度，已经成为发达国家留学生政策、移民政策的战略重心。但也正因如此，这些国家族裔人口在海外的保有量十分可观，吸引其回流为本国服务的潜力巨大。

随着发展中国家对创新人才需求的日益增长，发展中国家希望能够首先吸引流失到海外的本国优秀人才回归，进而吸引他国海外人才到来。事实上，随着近年来发达国家经济发展相对疲软的情况，加之部分发展中国家特别是金砖五国的快速发展和政策大力扶持，在全球人才"基本流向"之外，也出现了人才回流、人才环流等"次要流向"。基本流向加次要流向，或者说，"人才流失""人才回归"和"人才循环"构成了全球人才流动的全貌。

需要注意的是，从理论角度来看，单单强调人才的"净流入"并不具有完全的积极意义，就像国际贸易中的比较优势理论。人才或智力跟普通商品一样，在国际流动中各国都能受益，积极参与国际智力流动保持适当的智力外流有益于一国长远的经济发展与技术进步。因此，在吸引海外高层次人才回国的同时，也应该继续鼓励出国交流、留学、访问，进一步提高高层次人才队伍的国际化水平。我国于1985年提出了"支持留学、鼓励回国、来去自由"的出国留学方针，以及针对海外专家的"可来可走、来去自由"的基本政策。即使一个科学家、工程师或者医生在50岁或60岁回国，我们也并没有失去他们。我们把这种人才外流看成正在积攒利息、等待提取的智慧银行。

四、注重情感孵化来保持人才

人才引进工作成功与否不仅仅是通过一个时期引入人才的数量来衡量，还在更大程度上体现为最终能够留住多少人才。"情感孵化"使得引进人才对引进地产生强烈的依赖感，利于长期保持人才并充分发挥人才的作用。在海外高层次引进工作的成功经验中，相关国家不止步于人才成功进入阶段，同时也注意通过后期营造良好的人才孵化成长环境作为辅助措施，力图"以情留才"，这其中的关键因素就有人才赖以发展的事业环境和生活环境。加大科技投入、建立完善的科研资助体系、为人才搭建良好的事业发展平台，同时兼顾人才旁系因素（如配偶工作安置、子女就业等）的影响，解除高层次人才创新创业的后顾之忧，为其创建良好生活环境等措施是吸引人才留住人才的通常做法。

此外，很多国家在人才保持方面都出台了诸多优惠措施，不仅为海外高层次人才创造良好的事业环境，降低税率，提供好的实验室和高额的资金支持，为企业创造良好的投资营商环境，还着力改善居住环境，包括生活配套设施、就医入学、社会保障、户籍居留、旅游休闲，使海外人才找到"家的感觉"。从整体上来看，由于发达国家已经走过了引进海外人才的初级阶段，"情感孵化"的手段用得相对较少，而发展中国家或欠发达国家和地区则更多地体现出了这方面的诉求。

五、依托科技创业集聚区汇聚人才

科技园、创业园、研究平台建设可以推进高端人才、高新产业相互促进和共生发展。这些特殊区域的形成通常是依托一所或者几所创业型大学，由政府前期推进、市场力量主导的形式发展起来的。科技创业区域对海外人才引进最大的意义就是可以促进人才集聚，进而形成一种吸纳海外高层次人才的独特"魔力"，一旦形成创业高地，甚至不用更多宣传和支持，自然会吸引到合适的、高水平的海外人才，形成海外高层次人才政策的良性机制，特别是成熟的人才市场机制。在海外高层次科技人才引进中，科技园区是人才集聚的重要平台，是知识集聚和创新的重要平台，是创新主体集聚的重要平台，也是政策创新、服务创新的重要平台。

六、充分挖掘海外留学生资源

吸引并留住留学生是较发达国家普遍性的海外人才政策，其中一个重要原因就是留学生资源可以弥补国家在科学、工程、技术领域高端劳动力数量不足的严峻现实。同时，在美、英、澳、德等吸纳海外留学生大国，留学生群体无疑属于科技智力集中度较高的人才群体。如果政策得力，留学生将会对其留学目的国产生较强的情感依赖，并进而成为其本国精英居民。因此，不少发达国家都在挖空心思吸引、留住并保持留学生群体为其服务。

在经济欠发达阶段，国家一般没有条件吸引到真正的海外留学生，甚至也难以使本国海外留学生大量回归。但是，随着经济环境的改善、智识产业的集聚，移民与留学政策逐渐成为海外高层次人才政策体系中最为重要的部分。其中，亚洲新兴发达国家和地区基本上都在"汉文化圈"内，其在21世纪借助于国际产业转移而实现经济腾飞，文化和发展过程的相似性，使其国际人才竞争战略尤其具有借鉴意义。

第三节 海外高层次人才区域政策比较分析

一、海外引才的政策焦点

引进海外高层次人才工作高难度、高投入、高产出、高风险的特点决定了其并非一朝一夕的单兵突击，而是需要长远规划、并力推进的战略选择。纵观发达国家和国内部分先进地区吸引海外高层次人才的政策实践，我们认为以下几个焦点问题需要值得特别的政策聚焦和关注。

（一）不断完善人才队伍结构

虽然海外高层次人才引进工作已经被提到战略高度，但从目前看，保障领军人才发挥作用的中层技术骨干和高水平管理专家相对匮乏。此外，"千人计划"中科教专家比例过高，入选者在高校和科研院所富集，非科教领域及非华人高层次人才的引进还较为薄弱。在大众创业、万众创新时代，带技术、带项目的海外高层次创新创业领军人才和高水平创新创业团队对经济社会发展的带动作用将凸显出来。从国家"千人计划"入选名单来看，工农业生产领域的实用人才、新兴行业和战略产业的创业人才、金融等行业的高级管理人才、非华裔人才所占的比例还比较低，与创新型国家建设需求还不完全匹配。

（二）更加注重引进后的过程服务

海外高层次人才的引进、使用、培养是个系统工程，相互联系紧密，影响深远。引得好是前提，引进人才的能力水平是否达到要求、专业是否匹配、环境是否适应等等，直接关系人才作用的发挥；育得好是保障，任何一个被引进的高层次人才都需要一个再培养、重新融合的过程，否则会出现水土不服现象，很难快速适应地方经济社会环境；用得好是关键，只有用对、用好人才，才能全面发挥人才的才能和优势，真正体现其引进工作的价值，也才能为后续的人才引进提供必要保障。从目前看，不少地区在政策冲动下对引进后的工作并不十分重视，要着眼于人才作用的充分发挥，坚持从引进、培养和使用各个环节着力，从人才成长和创业成功的角度来提供服务，切实形成工作的整体优势。

（三）合理定位政府、市场和用人单位职能

政府、市场和用人单位是海外高层次人才引进和使用中的三个职能主体，其定位应该各有侧重、相得益彰，形成各主体在引进和管理上的联动机制。党委政府是主导，主要是管宏观、管政策、管协调、管服务；市场配置是基础，是促进人才合理流动和优化配置的基础平台；用人单位是主体，具体实施高层次人才的引进、培养和使用，也是高层次人才资源最直接的受益者。在海外人才引进"后数量时代"，尤其要注意政府角色的再定位，必须强化企业主体、市场配置、政府主导的工作模式，构建政产学研相结合的引才工作体系，各扬其长，协调推动海外高层引进工作，要使企业真正成为海外高层次人才引进工作的先遣队和主力军，学会用市场化机制引进人才。

（四）更加注重高水平创新创业团队引进

海外高层次人才个人引进相对容易，通过常规化、流程式的方式方法一般就能达到目的。然而团队引进限于对象范围较窄、学科领域匹配性低、岗位安置难度大等原因而使得引进难度加大。但是，海外高层次创新创业团队在突破关键技术、带动新兴学科和发展高新技术产业方面具有个人引进不可比拟的优势，不少高水平创新创业团队本身就拥有相对成熟和系统的关键技

术及其他相关创新创业资源，有利于快速实现科研成果产业化，能够较好地带动领军人才队伍成长等。具体到生产一线，由于新兴技术研发的复杂性和产业化流程的延展性，单个高层次人才引进只能在局部环节起关键作用，如果涉及生产全流程的改造与创新，就必须成龙配套地引进团组专家，当然这也增加了引才难度和引才成本。从各地经济产业发展需求来看，程式化的个人引进和针对性的团队引进必须充分结合，通过个人引进带动团队引进，以团队引进促进个人引进，探索建立符合本地实际的海外高层次人才引进机制，具有更加迫切的现实意义。通过有效的政策和激励，营造国际一流的创新创业文化，针对重点领域人才整体性引进海外留学人才团队，实现"滚动式"海外留学人才引进。

（五）以"人才特区"建设突破引进中的制度障碍

目前国内从中央到地方都极为重视高层次人才的引进和培养，将其视为人才工作的重中之重，但是限于既有制度框架，在引进和培养海外高层次人才上存在较多的体制机制障碍。各级各地政府在积极引进的同时也尝试通过政策创新为引进海外高层次人才创造良好的体制机制环境，而建设"人才特区"进行体制机制试点和创新是地方政府普遍采用的方式。国家和地方层面的人才特区或者改革试验区通过自主示范、双自联动、跨区域协作、创新创业、产业行业推动、多组织联动等多维模式，为国家创新驱动破除体制机制障碍。

二、海外高层次人才的政策弱点

综合政策出台时间节点、人才引进类型、引进标准、使用方式看，省级政府之间的政策要点大同小异，特色不显著，地区间人才竞争火热化，造成一些有归国意向的海外人才"待价而沽"，人为抬高引进成本，降低人才引进针对性。

（一）引才领域的重叠

不少研究都已经注意到了各地海外高层次人才计划的同质化问题，包括人才计划一般都偏重于战略新兴产业，对结合自身的产业发展特点引才的精准分析不够，跟风冒进而不顾引才成本的倾向比较明显。进而，在各地方政府之间形成了海外高层次人才政策的同质化竞争问题，带来了部分人才四处"走穴""赶场"和频繁跳槽、无序流动的现象。其间，地方政府之间相互攀比的倾向起到了推波助澜的作用，在不少地方引进人才工作甚至成了政绩工程。

当前多数地方的海外高层次人才政策基本上都聚焦于满足国家战略性新兴产业的高端人才，特别是集中在节能环保产业、新一代信息技术产业、生物产业、高端装备制造产业、新能源产业、新材料产业等领域。引才领域的重叠很大程度上又是各地十分雷同的产业结构带来的不良后果。在国家投资驱动发展政策的大导向下，各地一哄而上，重点发展新材料、新能源产业。产业领域的重叠带来了对人才需求的重叠，在政府主导海外高层次人才引进的条件下，人才需求的重叠不可避免带来引才领域的重叠，尤其是在邻近地区之间，长此以往导致了恶性循环的发生。

全国90%以上的地区选择发展新材料、电子信息和生物医药产业，80%的地区选择发展节能环保产业。实践中，各地对人才的产业要求往往是大而笼统的。各地引才计划虽然都强调人才与产业的匹配和对接，但从计划的具体内容看，各地引才计划在产业领域并未做很好的细分，通常都是笼统地围绕几大新兴产业，结果表现为"强调高端，但不知道要高在哪；强调产业，但没有具体的细分"。这进一步加剧了对人才的争夺。

在引才领域高度重叠并进还会带来引才结构的问题。从政策实际看，各地海外高层次人才引进主要集中于学术创新人才、创新创业类人才和部分企业高管类人才，从政策初衷看，更多倾向于高水平的创新创业类人才，但最终成效上却有所偏差。全球产业领域所需的高端人才卖方市场已经形成，事实上就带来了引才过程中政府始终处于被动地位的局面，引才成本进而上升。在这种盲目引才竞争中，实际上所引进的海外人才并非是当地经济发展所需要的人才，对人才引进工作的长期成效是一种负效应。此外，国家长远发展所需要的产业领域人才和高端管理类人才的回归没有得到充分激励。目前，各地在海外高层次人才引进中比较偏重短期效应，短期研发项目需求占据主导，忽视具有潜力的年轻人才和人才梯队建设，以至于有些海外人才回国创业中深感人才团队建设困难；过于偏重自然科学与工程技术领域，而忽视了人文社会科学领域，特别是公共管理、金融服务方面的高端人才。此外，各地真正引进的外籍人才来华服务的情况少之又少，这不利于形成高大上的创业创新文化氛围。

（二）引才模式的雷同

通过对省级海外人才政策的比较发现，各省政策出台时间集中、标准较为雷同，人才引进规模、人才使用方式均较为类似，造成各地在人才引进上的"恶性竞争"和拟回国人才"待价而沽"或在多个地区间竞相要价现象。一方面人为抬高引进成本，另一方面也可能降低人才引进的针对性，各地区以"竞价方式"获得的高层次人才与原有人才之间的融合也相对困难。对比分析全国10个地区及中央"千人计划"的引才政策，发现存在两种类型的政策同质化：一是纵向同质化，即自上而下的"政策同构"，自下而上的"政策对齐"；二是横向同质化，即不存在隶属关系的各地方政府出台相似的政策，这种同质化并非是对上级政策的复制，而是各地方政府在其管理权限内开展的竞争性模仿，或者说是一种"竞争对标"。

从创业扶持到生活服务，从资金融资保障到创业过程服务，从居留权利到医疗保障，各地方政府可谓使出了浑身解数来吸引海外高层次人才。但人才计划支持、生活保障等措施在地区间差别不大，除了力度上的差异外，实际上并未彰显地方特色。无论是东部发达地区还是中西部欠发达地区，人才政策创新的着力点普遍局限在物质方面的拼待遇、比实力上，攀比现象严重，缺乏全局的、整体的、系统的、长远的战略谋划，对影响人才事业长远发展的体制机制、价值取向、文化理念、生态环境等普遍顾及不够，这样就不可避免地直接或间接影响到人才队伍综合实力增强和人才国际竞争力的提升。而事实上，一些研究也反映出，海外高层次人才对国内最不满意的创新创业条件并非是资金支持和生活保障，而是整体上的创新创业环境。

第五章 海外高层次人才引进政策创新的过程机制与成效

第一节 海外引才政策创新的基本过程

海外引才政策创新是一个动态的过程，包括创新战略的设计、创新内容的优化、创新路径的确立和创新结果的扩散等。从我国海外引才政策创新历程的梳理可以看出，我国引进海外人才政策创新的过程呈现以下四个方面的特征：一是在创新动因上，海外引才是作为改革开放的一部分，伴随着科教兴国、人才强国战略的提出而不断发展的，是战略驱动的；二是在政策内容上，海外引才工作通过不断创新、持续创新，推动引才政策体系化、精细化；三是在创新路径上，海外引才政策创新呈现自上而下的特点，从中央向地方逐级推进，地方政府在中央确定的框架下对政策进行细化；四是在创新传播上，海外引才政策创新呈现地方竞争态势，存在地区差异，东部地区比中西部启动更早，力度更大。

一、政策目标：战略驱动

引进海外人才，包括吸引海外留学人员回国服务和引进外国专家来华工作两大类。无论是吸引海外留学人员回国，还是引进外国专家来华，都是改革开放的一部分，服务于国家发展战略。新中国成立初期，为解决百废待兴的困难局面，中央引进苏联专家帮助我们推进多项重大项目的建设。国家提出扩大出国留学规模的思路，中央作出引进国外智力以利四化建设的决定。改革开放以来，吸引海外人才是我国经济建设和社会发展的重要基础，是国家实行"科教兴国""人才强国"战略的重要依托。吸引海外人才并非是权宜之计，而是战略驱动。改革开放初期，我国引进海外人才的重点是引进、消化、吸收先进实用的技术、技能和方法。随着我国综合国力大大增强，引进海外人才规模不断扩大，层次不断提高，结构更趋合理，引进形式更加多样化，我国引进海外人才的方针确定为"以我为主、按需引进、突出重点、讲求实效"，重点围绕国家发展战略目标，在中央和地方分层次、有计划引进一批能够突破关键技术、发展高新技术产业、带动新兴学科的战略科学家和创新创业领军人才。

进入21新世纪以来，面临加快推进我国经济和社会全面发展，推进创新驱动发展的需要，国家从新的战略需要角度更加系统、深入地思考和谋划引进海外人才问题，采取多种措施吸引和聘用海外高层次人才，鼓励留学人员回国工作或以适当方式为祖国服务。人事部提出了"拓宽留学渠道，吸引人才回国，支持创新创业，鼓励为国服务"的留学工作新要求。为应对科技发展对高层次人才的需要，提出要加大工作力度，制定和实施吸引优秀留学人才回国工作和为国服务计划，重点吸引高层次人才和紧缺人才。

二、政策动力：创新驱动

改革开放以来，我国经济快速发展主要源于劳动力和资源环境的低成本优势。进入新的发展阶段，我国的低成本优势逐渐消失。对此，中央作出了新的战略布局，即科技创新是提高社会生产力和综合国力的战略支撑，必须摆在国家发展全局的核心位置，这是我党放眼世界、立足全局、面向未来作出的重大决策。创新驱动首先是人才驱动。与低成本优势相比，技术创新具有不易模仿、附加值高等突出特点，由此建立的创新优势持续时间长、竞争力强。实施创新驱动发展战略，对我国提高经济增长的质量和效益、加快转变经济发展方式具有现实意义。当前，无论是从国内政治到国际政治看，还是从国内经济到国际经济看，都要求我们把引进国外人才和智力纳入到全球外交的大格局中，纳入到与世界多文明交融互鉴中。新时期，引进海外人才对于打通我们与各国的交流障碍、开拓发展空间具有重要的战略意义。

三、政策方向：纵向传播

海外引才政策创新是中央政府在科教兴国战略和人才强国战略的驱动下的主动创新，是供给主导型的制度变迁。中央政府在其中发挥了主导性作用。地方政府制定海外引才政策，在很大程度上是"向上对齐"，是对中央制定的引才政策的模仿。从中央和地方的关系来看，可以说，海外引才政策创新是一种自上而下的政策传播。

第二节　海外引才政策创新的实现机制

公共政策创新的发生、传播和发展，既是政策相关行为主体一系列活动的结果，也是各种客观环境或条件作用的产物。公共政策创新是在旧政策老化或失效的情况下，寻求新的政策组合方式，选择成本小、收效快的组合路径，探索良性的政策替代方案，从而摆脱政策困境，有效地促进公共问题的解决和降低公共政策执行中的机会成本。公共政策创新的实现需要一系列机制的综合保障。

机制原是工程技术中使用的一个术语，它与机械装置以及这些装置发生作用的过程联系在一起。譬如，借助于一个支点，用木棒就能将一块很重的石头撬起来，这种杠杆的作用就是一种机制。社会科学家在观察、解释社会生活的某些领域的结构、功能，特别是阐明其动态的变化时，也借用了工程技术上的机制这一用语。公共政策创新机制也是借用了这一用语，即是从动态的方面去研究政策创新是如何实现出来的。大致来讲，海外引才政策创新至少包含由四个机制，即触发机制、协同机制、传播机制和发展机制。

一、海外引才政策创新的触发机制

公共政策创新的触发机制指的是政策创新过程诱发、催促初始政策设计或最初政策发动的催化机制①。从政策过程来看，政策的制定首先要界定政策问题、设置议程。一般的公共社会问题要变成政府着力解决的政策问题，需要有一种催化剂，促使政府下决心进行政策创新。虽然有些问题确实是日常生活中需要政府解决的困难，但是，公众反应却是消极的。当一个事项或整个事件出现，对于存在的困难，原来只是个人的话题，现在突然变成了人们共同的恼怒，从而使政策议程的建立成为可能。是什么现象促使这种转变发生？是什么把日常生活中的困难变成公众的争论？答案就是称之为"触发机制"的概念。从海外引才政策创新的实践来看，大致有以下几种方式触发政策创新：

（一）专家建言

博士后制度在我国的建立就是专家建言的产物。中国作为世界大国，必须培养一部分具有学术带头能力的高级科技人才。然而，取得博士学位只是培养过程的一环，青年博士必须在学术气氛活跃的环境里再经几年独立工作的锻炼，才能逐渐成熟。因此，专家建议应在一些高等学校和研究机构中设

---

① 李庆钧. 论公共政策创新的触发机制［J］. 行政与法，2008（3）.

置一些特殊的职位,挑选一些新获得博士学位的人员在这里从事一个阶段的博士后研究,以拓宽知识面,进一步培养独立的工作能力,使之成为具有较高水平的专业人才。政府各有关部门经反复磋商,并召集各方面的专家多次论证,提出设立博士后流动站、实行博士后制度的方案。进入博士后流动站从事博士后研究工作不仅为年轻博士提供一个脱颖而出的成长途径,同时博士后流动站也是留学博士回国走上能够充分发挥其专长的工作岗位前的一种过渡的好形式。此外,经全国博士后管委会研究决定,对具备条件的设站单位,可以接收少量外国籍博士到中国做博士后。

海外人才建言献策已成为政策创新的一种重要触发机制。"千人计划"实施以来,欧美同学会(中国留学人员联谊会)下设了"千人计划"专家联谊会。该会是国家"千人计划"项目引进专家自愿发起和组成的非营利性社会团体。联谊会凝聚全体"千人计划"专家,旨在联谊交流、协同合作、建言献策和服务社会。联谊会将团结并服务于海内外留学人才,积极践行科技兴国和人才强国战略,努力成为国家创新创业的生力军,为建设创新型国家、实现中华民族的伟大复兴贡献智慧和力量。

(二)人才竞争

我国是出国留学生大国,也是全球人才流失大国。采取积极措施吸引海外人才是世界主要发达国家和新兴发展中国家壮大本国人才队伍的通行做法,也是我国扭转人才流失格局的重要途径。随着改革开放的深入推进,我国各项事业蓬勃发展,为各方面优秀人才提供了前所未有的发展空间和广阔舞台,吸引大批海外高层次人才的时机已经到来。与建设创新型国家对各类高层次人才的迫切需求相比,我国的人才引进工作力量不够集中、力度不够大、政策不够完善,引进人才的数量和质量都有待提高,特别是要引进一批国际一流的战略科学家和科技领军人才。这都需要我们解放思想,抓住机遇,提出更有力的政策措施,加大海外高层次人才的引进力度。因此,中央在提出实施"千人计划"，统筹资源、完善政策、健全机制，组织实施海外高层次人才引进计划，大力引进海外高层次人才回国（来华）创新创业。

人才管理改革试验区在中国的出现，表面看是对各地科技园区的附加称谓，其实反映了人们对时代变迁的深刻理解。人才管理改革试验区就是实行特殊人才政策的区域。通过采取特殊政策和措施，依托重点产业、重点项目、重点学科和优势企业事业单位建设集聚高层次人才，培养造就领军人才，并有效发挥人才的第一资源作用。人才管理改革试验区的核心和灵魂也在于先行先试，通过率先实施接轨国际的人才政策体系，为全国人才体制机制改革和政策创新积累经验。

（三）社会"倒逼"

改革开放以来，人才流动的规模和速度不断增强，对更加开放人才政策的需求越来越迫切。虽然人才体制机制改革有所进展，但在体制内，计划配置人才的惯性仍然很大，阻碍人才流动等障碍远未解决，主要包括户口、编制、档案、子女上学、出入境管理等现实问题。例如，有海归人才表示，"我们的政策对留学生而言还是存在诸多不便。以回国工作为例，一位海外留学生在国外生活、学习了六七年回国后，有些应聘单位还执意跟他要英语四、六级证书，并直言，没有四、六级证书没办法办理入职。另外，国内许多工作只面向应届生，但国外高校跟我国的高校毕业时间不一样，有留学生年底毕业后回国找工作，但要各种手续办完后才能正式办理入职，等到各项程序走完，留学国的使馆也寄出证明，时间大概会过去半年，这时候就已经是下一年了，很多单位认为这已经不是应届生。"还有人表示，"档案归属问题也给我们造成了很多麻烦。以北京为例，刚出国时，我的档案留在了留学中心，回国后，档案在一定期限内必须取走，北京市人才中心不收留学生档案，如果单位也不接收，那么档案就只能回街道，成为无业人员。回国工作，每一个步骤都需要若干文件，好多繁琐的步骤，浪费了我们大量时间、精力和财力。"

针对上述问题，我国有关驻外使领馆根据海外高层次人才引进工作小组批准的引进人才名单，为其中外籍高层次人才签发R字签证，为其随行配偶和未成年子女签发Q字或S字签证，并在签证有效期、停留期、入境次数等方面均提供最大便利。今后，人才签证还将进一步放宽范围，除"千人计划"外，凡纳入备案的其他一些影响较大、层次较高的人才计划所引进的外籍高层次人才，也可签发人才签证，为我国更大规模引进海外高层次人才提供助力。

二、海外引才政策创新的协同机制

引进海外人才工作涉及方方面面，需要政府各部门的协同配合。可以说，部门间协同对于海外引才工作至关重要。改革开放以来，一些重要的海外引才政策的出台牵涉到许多部门。从实践来看，中央通过设立协调机构，解决海外引才工作中的部门协同问题。

第一个协调机构是"国务院引进国外智力领导小组"。为了加强对引进国外智力工作的领导，国务院决定成立国务院引进国外智力工作领导小组，办公室设在外国专家局，不另增编制。

第二个协调机构是"留学人员回国服务工作部际联席会议"。建立联席会议制度是为建立有效地吸引留学人员回国服务工作机制，加强各有关部门的协调配合，提高效率，更好地开展工作。联席会议的成员单位包括人事部、教育部、科技部、财政部、外交部、公安部、国家计委、国家经贸委、外经贸部、中国人民银行、中国科学院、国家外国专家局等12个部门。原人事部为联席会议组长单位，联席会议组长由人事部领导同志担任；副组长单位为教育部、科技部、财政部，副组长由教育部、科技部、财政部领导同志担任；联席会议成员为各部门负责留学人员工作的有关司局领导同志。联席会议制度后又增加了国务院侨办、人口计生委、海关总署、税务总局、工商总局、外汇局等部门。

第三个协调机构是"中央人才工作协调小组"。小组成员包括中央组织部、中央宣传部、中央统战部、人力资源和社会保障部、国家发改委、教育部、科技部、工业和信息化部、民政部、财政部、农业部、文化部、卫生部、国资委、国家外专局、中国科学院、中国社科院、中国工程院、国务院扶贫办、中国科协等。各成员单位加强协调、密切配合，保证了人才工作重大任务的顺利实施，比如，编制国家人才发展规划、落实12项重大人才工程、开展全国人才资源统计等。

第四个协调机构是"海外高层次人才引进工作小组"。在中央人才工作协调小组指导下，成立海外高层次人才引进工作小组，负责海外高层次人才引进计划（即"千人计划"）的组织领导和统筹协调。工作小组由中央组织部、人力资源和社会保障部会同教育部、科技部、人民银行、国务院国资委、中国科学院和中央统战部、外交部、国家发改委、工业和信息化部、公安部、财政部、中国工程院、自然科学基金委、国家外专局、共青团中央、中国科协等单位分管领导及相关司局负责同志组成。各重点领域的人才引进工作由牵头组织单位负责组织实施。国家重点创新项目人才引进工作由科技部牵头；重点学科和重点实验室人才引进工作分别由教育部、科技部牵头；中央企业和国有商业金融机构人才引进工作分别由国资委、人民银行牵头；以高新技术产业开发区为主的各类园区引进创业人才的工作由科技部、人力资源和社会保障部牵头。

"小组"或"联席会议"是一种部门间协调机构。中央文件将"小组"这类机构统一称为"议事协调机构"，是党政系统中常规治理方式之外的补充，并在特定时期，拥有跨部门的协调权力。通过成立跨部门领导小组来组织实施重大战略任务，是党和政府在长期实践中形成的一种有效工作方法，在重大决策具体落实和实施过程中，建立跨部门的协调合作机制，有利于减少层级、提高效率。小组级别越高,一般涉及的部门越多,负责人的级别也更高,因此"小组"协调和执行能力也更强。通常认为,高级别的小组能够更好地解决问题。成立这些小组并不单独确定人员编制,而是高效利用政府现有人力资源,灵活协调各部门,解决实际问题。

三、海外引才政策创新的传播机制

从一般意义来说,政策传播可以定义为一个政府的政策选择被其他政府的选择所影响。从整个世界范围来说,在每一个政策领域,每一个行政区域的政策都会在某种程度上受到外部因素影响。通常认为,政策传播有四个机制:竞争、学习、模仿和强制。政府间的竞争有可能会帮助消除低效、浪费现象,在服务上竞相满足居民的愿望。政府间的学习能够产生更为有效的政策选择。模仿是指直接复制其他政府的政策,而不关心它们的政策影响,有时这么做富有成效,但大多数情况下,会导致不合适和论证不够充分的政策选择。强制是指一个政府运用暴力、威胁、激励来影响其他政府的政策抉择。若从纵向和横向两维,即从我国的纵向府际关系和横向府际关系来审视,命令机制和"锦标赛"机制是两个重要的政策传播机制。

(一)命令机制

我国宪法和组织法对各级地方政府职权的规定,没有划清中央和地方之间的事权关系。除了少数如外交、国防、戒严等事权专属中央之外,地方政府的事权几乎是中央政府的翻版。在计划经济时期,为有效控制资源的配置,中央与地方之间要求设立分层分口的对应机构体系,上下级都追求对等对口的管理体制。中央要求在全国范围内实行统一的政策,达到上下一统,这在组织层面上体现为"职责同构",即各级政府在职能配置、机构设置上保持高度的统一性,"上下对口、左右对齐",确保中央政策能够得到不折不扣的执行。在一统体制下，地方政府具有与上级保持一致的强烈动机，这不仅能体现对上级的尊重服从，而且可以降低政策创新的风险。照搬上级的计划和政策，能够获得天然的合法性，把可能的风险降到最低。中央在出台"千人计划"的同时，要求各地区各部门要按照中央要求，结合工作实际，充分发挥各自优势，采取切实有效的措施，扎实开展海外高层次人才引进工作。各省（自治区、直辖市）要结合经济社会发展和产业结构调整的需要，研究制定实施本地区海外高层次人才引进计划，有针对性地引进一批海外高层次人才。有条件的地区特别是东部沿海地区和中心城市，要依托经济技术开发区、高新技术产业开发区、留学人员创业园、大学科技园等，推出一批特色项目，大力吸引海外高层次人才回国（来华）创业。根据中央的要求，各地随即制定相应的"千人计划"和"百人计划"，确定引进海外高层次人才的目标和具体指标。

从各地出台的海外引才政策来看，存在"向上看齐""与中央保持一致"的显著特征。在政策主体（即领导机构和人才评价主体）方面，各地基本上是参照中央"千人计划"的做法，由市委人才工作领导小组或是其下设立的专门机构负责引才计划的组织与协调，组建专家组对候选人进行评审，由政府财政提供资金保障，具有明显的政府主导色彩。在政策客体（即海外高层次人才）评价标准方面，各地也大致相同，基本上是参照中央"千人计划"，没有根据自身特点和社会发展需求进行细化。

（二）"锦标赛"机制

府际竞争是政策创新传播的一个重要机制。特别是在我国，官员晋升是由上级而非民众决定，拥有人事任免权的上级官员可以根据政绩指标对下级官员进行考核，从而决定下级官员的升迁。如果一个政策创新取得了实效，很快就会被竞争对手学习。在引才工作中，各地方你追我赶、对标争先，各出奇招，致力于优化本地引才环境、提高引才竞争力。在各地的引才工具箱中，物质激励是最常见、也被视为最有效的手段，例如给引进人才的一次性奖励、科研经费和创业融资等。随着竞争加剧，各地对人才的物质激励也逐级加码，以增强自身的吸引力。

四、海外引才政策创新的发展机制

公共政策创新的发展机制主要包括两方面的含义：一是经过扩散和传播后的创新政策的初始设计或最初发动进一步延伸，出现政策创新循环；二是将不断出现的创新政策逐步规范化、结构化，特别是形成合理、优良的创新政策结构体系或创新政策群。改革开放以来，我国引进海外人才政策不断发展，与时俱进，形成了从中央到地方多层次，涵括引才、育才、留才各环节的政策体系。中央出台了关于实施海外高层次人才引进计划的意见，各级地方政府也相继出台了吸引海外高层次人才的政策。各省市区从本区域实际出发，围绕海外高层次人才的引进、扶持和稳定等竞相出台政策，积极推进相关配套制度改革，从而初步形成了基于我国国情的吸引海外人才政策创新体系。

其中，党管人才原则是实现引才政策不断创新、不断发展的制度保障，从战略上、组织上、运作上提供了指引。

在战略上，改革开放以后，党对人才工作认识的不断深化，先后制定和实施了科教兴国战略和人才强国战略，把人才工作提高到事关党和国家事业发展的关键地位，把实施两大战略作为党和国家一项重大而紧迫的任务，突出人才资源是第一资源。在坚持党管人才的原则下，通过坚持不懈的努力，充分开发国内国际两种人才资源，紧紧抓住识才、爱才、敬才、用才四个环节，大大加强了人才队伍建设，把各类优秀人才集聚到党和国家各项事业中来。要实行更加开放的人才政策，不唯地域引进人才，不求所有开发人才，不拘一格用好人才，在大力培养国内创新人才的同时，更加积极主动地引进国外人才特别是高层次人才。

在组织上，2012年9月26日，中共中央办公厅印发了《关于进一步加强党管人才工作的意见》，提出"县级以上地方党委建立人才工作领导小组"，"党委、政府所属系统内人才资源规模比较大的职能部门，可以根据实际需要建立人才工作领导小组"。这是中央首次对各地各部门建立人才工作领导机构加以明确，主要是为更好地发挥党委（党组）在人才工作中的核心领导作用，保证党的人才工作方针政策全面贯彻落实。在领导小组成员配置上，由党委或政府主要负责同志担任人才工作领导小组组长的，党委组织部部长和政府分管领导同志担任副组长；由党委组织部部长担任领导小组组长的，政府分管领导同志担任副组长。领导小组成员由党委、政府人才工作职能部门的主要负责同志担任。这个要求，体现了分工负责：齐抓共管的原则，有利于形成党委统一领导，组织部门牵头抓总，有关部门各司其职、密切配合，社会力量广泛参与的人才工作格局。

在运作上，强调党管人才主要是管宏观、管政策、管协调、管服务。管宏观主要是坚持人才发展的正确方向，加强科学理论指导，制定人才发展规划，始终把实施人才强国战略作为根本任务加以推进；管政策是指统筹重大人才政策制定，有针对性地解决人才发展中的重大问题，改革人才工作体制机制，营造有利于人才辈出、人尽其才、才尽其用的制度环境；管协调是指通过加强各方面的统筹协调，形成推进人才工作和人才队伍建设的整体合力；管服务是指关心爱护人才，为各类人才干事创业、实现价值提供良好服务。

第三节　海外引才政策创新的影响因素

政策创新受到多种因素的影响。有学者认为，公共政策创新的影响因素包括制度安排、政策资源、路径依赖和利益集团等。还有学者认为，利益分化与协调、初始政策设计或发动、规则与组织的变换是体制转轨阶段公共政策创新过程中起根本性、决定性作用的因素。从中央和地方的实践来看，政治支持、经济发展、政策资源和路径依赖是影响海外引才政策创新的重要因素。

一、政治支持

中央或上级的政治支持是海外引才政策创新的一个重要因素。海外引才政策创新是对传统思想的摒弃，是对现有体制和部门利益格局的破立，如果没有强有力的政治支持，难以启动，即便开展了，也难以持续。来自中央或上级的政治支持，能有力地推动政策创新的进行。

党和国家领导人对留学工作和留学人才回国工作的大力支持，有力地推动了有关工作的顺利开展。为吸引海外人才回国（来华）工作，中央成立了多个协调小组，成员单位囊括相关重要部门，组长由党和国家领导人担任，充分显示了对海外引才工作的重视。"国务院引进国外智力领导小组"的组长由国务委员兼国务院秘书长担任。"中央人才工作协调小组"的组长由中央政治局委员、中央组织部部长担任。高级别的协调小组，有利于加强部门间协调，克服部门之间的利益冲突和合作难题。在地方层面，各地成立了人才工作领导小组。

近年来，我国兴起"人才管理改革试验区"的建设热潮，以中关村"人才特区"为典型，在特定区域实行特殊政策、特殊机制、特事特办，率先在经济社会发展全局中确立人才优先发展战略布局，构建与国际接轨、与社会主义市场经济体制相适应、有利于科学发展的人才体制机制。在中央人才工作协调小组的指导下，由中央组织部牵头，国家发改委、教育部、科技部、人力资源和社会保障部等14个部门和北京市等参加，共同组成人才特区建设指导委员会，负责人才特区建设的组织领导和统筹协调。北京市具体负责人才特区的建设工作。这种架构突显了对"人才特区"建设的强有力支持。

二、经济发展

人才是发展的第一资源。改革开放多年来，我国经济长期保持高速增长。然而，传统的"三高一低"（高投入、高能耗、高污染、低效率）的增长之路已近尽头。加快转变发展方式，建设创新型国家，关键靠科技，最终靠人才。以引进海外人才回国创新创业推动经济结构转型升级的热潮正在兴起。

从我国各地引进海外人才的实际情况来看，经济越发达的地方，经济转型升级的压力越大，海外引才愈迫切。东部地区开展海外引才政策创新的动力最强烈。从各省区市引进海外高层次人才计划的启动时间来看，平均而言，东部地区的启动时间早于中西部地区。经济增长、个人收入增加以及国内高新技术产业发展等因素是吸引人才回流的重要因素。东部地区经济较发达，且经济总量较大，相对来讲就业机会和就业环境相对较稳定，而中部地区和西部地区的海归的整体就业环境与就业质量与东部地区相比尚存在一定差距，因此，海归人士归国的首选地为东部地区而非就业波动较大的中西部地区。有研究发现，在西部地区，海外人才归国政策对海外人才回流产生的效应并不显著，其结果说明我国东部地区在制定留学人才的政策方面较中西部地区走在了前面，东部沿海各省市为海外留学人员回国服务提供了良好的政策保障，各地也纷纷针对具体情况制定了相应的政策并建立了留学生创业园区，为留学人才创业提供了良好的环境。而从西部地区的情况来看，对于海归的政策扶植力度还远远不够。

三、政策资源

政策资源的多寡对于海外引才政策创新有着重要影响。公共政策创新的实质就是对政策资源的合理配置。没有政策资源的支持，公共政策创新难以实现。公共政策资源实际上是政策周期性运行中的成本支出。公共政策创新需要付出大量的人力、物力和财力，没有一定的资源作为投入，就不可能有作为产出的良好的政策效果而效益。大致而言，政策资源包括：①物质资源。即政府在引进海外人才过程中花费的物力和财力。一般说来，政策创新取决于创新的成本与收益比较，由于新政策运行条件下所产生的收益减去旧政策运行条件下所具有的收益，要比实现政策变迁的成本大。②协同资源。即政府各部门之间的协同能力，政府与市场、社会之间的协同配合。引才政策创新涉及政府、市场、社会多个领域，涉及政府多个部门。引才政策创新的成功离不开各领域、各部门之间的协同。③信息资源。公共政策创新是为适应变换的政策环境所作出的应然选择，因此及时有效地收集和整理政策信息也就显得尤为必要。在现代社会中，政策资源不仅掌握在政府手中，在社会的咨询机构、大众媒体和日益增多的科研机构中也存在大量有价值的政策信息。政府掌握的海外引才政策创新的信息，包括向标杆学习、专家建议等。④权威资源。有多方面的含义：一是指社会政策的合法性、强制性所产生出来的政策威严与信用；二是指负责政策运行的机构和人员所掌握的确定和推行政策的权力；三是指社会成员对政策知识的了解和人们相信政策、支持政策的心理。引进海外人才政策创新，必然涉及相关利益调整。政府的权威资源对政策创新落到实处提供保障。

（一）物质资源

随着各地对海外人才日益重视，引进海外人才需付出不菲的成本，包括一次性补助、科研启动金、融资补贴、税收减免、住房、医疗保障、配偶安置、子女入学等等。为引进海外高层次人才，有些地方甚至提出"不惜代价"。中央"千人计划"规定，中央财政给予引进人才每人人民币100万元的一次性补助（视同国家奖金，免征个人所得税）。各地制定引才计划基本上参照执行。中关村"人才特区"对战略科学家、科技创新人才、创业未来之星、创业投资家和科技中介人给予100万元（人民币，下同）资助，对战略科学家提供全部或部分科研经费以及所需科研条件，对创业未来之星的研发和产业化项目给予资金支持、利息补贴。中关村对引进人才按其上一年度所缴个人工薪收入所得税地方留成部分80%的标准予以奖励，可按规定参加北京市社会保险，子女入托或中小学入学，由教育行政部门协助办理相关手续。

（二）协同资源

引进海外人才不仅是政府的职责，市场和社会也在其中扮演了重要角色。西方国家是在政府发挥主导作用的同时将引才的具体运作交由市场完成，市场是引才的主体，主导作用与主体作用分离是其基本特点。我国的引才是在国家发挥主导作用的同时还发挥着相当程度的主体作用，引才机构的设立、引才队伍的建设、引才规划与计划的制定、引才项目的审批、引才渠道的开辟、引才经费的投入与分配、引才工作的协调等主要工作大多仍由政府主导并主办。由于引进海外人才涉及诸多职能部门，为强化统筹协同，中央设立了留学人员服务工作联席会议制度，并在中央人才工作协调小组指导下设立了海外高层次人才引进工作小组。各地方也纷纷建立领导小组，其中，中关村"人才特区"在北京市人才工作领导小组指导下，设立中关村高聚工程工作小组；无锡设立了海外高层次人才引进工作小组和专项办公室；成都在市委组织部设立成都市高层次创新创业人才引进工作专项办公室等。然而，一些留学人员反映，国家虽然建立了留学人员服务工作联席会议制度，但与创业联系紧密的工商、税务等部门却未列其中，目前还没有处理日常事务的常设机构，这将直接影响海外高层次人才引进工作顺利进行。地方引才也存在类似问题，在有些地方，虽然引才政策规定解决配偶和子女落户、子女入学和配偶安置问题，但在实践操作中，各职能部门固守原有规章制度，不能相互协调做好人才引进工作，比如，以不符合"户籍管理的原有规定"为由不办理引进人才的配偶子女落户问题，将配偶安置的重负压到用人单位身上，但不少用人单位难以内部消化，导致政策无法落地。解决这些问题，需要在政策制定和实施阶段加强有关职能部门的沟通协调。

（三）信息资源

在全球化时代，各国引进海外人才展开激烈竞争，引才政策创新也在各国之间相互传播，而获取其他国家和地区的政策创新信息，对于我国开展引才政策创新具有重要参考借鉴意义。专家建言是获取信息的重要渠道之一，李政道向国家领导人建议设立博士后制度的事例广为人知。加强智库建设，是另一个获取信息的重要渠道。例如，中央人才工作协调小组办公室曾向中国人事科学研究院、中国社会科学院人力资源研究中心、北京大学经济学院、清华大学公共管理学院、中国与全球化智库等13家科研院所和机构颁发并授予"人才理论研究基地"称号，要求各基地深入开展人才政策理论研究，不断提升人才工作科学化水平。我国人才理论研究起步晚、发展快，自全国人才工作会议以后进入加速发展阶段。但从总体上看，理论研究仍是当前人才发展的薄弱环节。中央人才工作协调小组办公室要求，"人才理论研究基地"要切实承担起国家人才发展战略研究任务，服务宏观决策、服务人才发展，力争成为人才领域的思想引擎和研究高地。在各地的实践中，学习考察，向标杆学习是政策创新知识扩散的重要方式。

（四）权威资源

政策创新实质上是对传统思维定势的破除，对既有利益格局的调整，必然会招致疑虑、抵触和反对。引进海外人才政策创新，实行更加开放的人才政策，在短时间内必然会触及既得利益群体的利益，且当前引进海外人才，往往是以"超国民待遇"来吸引优秀人才，在职称评定、一次性奖励、启动资金、住房、配偶安置给出优惠条件，导致引进人才与本地人才之间产生矛盾。这些问题的背后是对高层次人才的求贤若渴，甚至是对现有人才制度的矫枉过正，以优惠政策来吸引人才，在客观上对本地人才造成了歧视，必然招致阻力。因此，运用权威资源，对于当前开展引才政策创新是十分重要的。在初步解决人才荒问题后，下一步需构建适用于所有人才发展的公平竞争制度，而非以身份取才，唯"海外"是尊。

四、路径依赖

路径依赖类似于物理学中的"惯性"，一旦进入某一路径（无论是"好"的还是"坏"的）就可能对这种路径产生依赖。关于路径依赖的研究，最早是由美国复杂性科学奠基人、技术思想家布莱恩·阿瑟（Brian Arthur，1989）针对技术演变过程提出的。1993年，美国经济学家道格拉斯·诺思（Douglass C. North）把前人关于技术演变过程中的自我强化现象的论证推广到制度变迁方面，提出了制度变迁的路径依赖理论。诺思把路径依赖解释为"过去对现在和未来的强大影响"，指出"历史确实是起作用的，我们今天的各种决定、各种选择实际上受到历史因素的影响"。制度变迁过程与技术变迁过程一样，存在着报酬递增和自我强化的机制。这种机制使制度变迁一旦走上了某种路径，它的既定方向会在以后的发展过程中得到自我强化。路径依赖对政策创新具有很强的制约作用，是影响政策创新的关键因素。如果路径选择正确，政策变迁就会沿着预定的方向快速推进，并能极大地调动人们的积极性，充分利用现有资源来实现政策收益最大化，反过来又可以成为推动政策进一步变迁的重要力量，双方呈现出互为因果、互相促进的良性循环局面；另一方面，如果路径选择不正确，政策变迁不能给人们带来普遍的收益递增，而是有利于少数特权阶层，那么这种政策变迁不仅得不到支持，而且会加剧社会矛盾的进一步激化，这种"锁定"局面一旦出现，就很难被扭转。

从我国的实践来看，开放的海外引才政策为引进海外人才创造了良好的条件，也为海外引才政策创新提供了良好的制度环境。在20世纪70代末期，突破"左"的思维束缚，提出大量向西方国家派出留学生，大量引进外国专家，打开了对外开放的大门。一个国家对外开放，必须首先推进人的对外开放，特别是人才的对外开放。如今，我们比历史上任何时期都更需要广开进贤之路、广纳天下英才。要实行更加开放的人才政策，不唯地域引进人才，不求所有开发人才，不拘一格用好人才。

"千人计划"的不断发展就是我国海外引才政策创新的最好例证。随着形势发展，"千人计划"从初期的"创新人才""创业人才"两个项目，逐步拓展到"顶尖千人""短期千人""青年千人""外专千人""人文千人"等七个项目，形成了覆盖不同专业领域、不同年龄段和梯次配置的引才项目体系，体现了引才的开放度和包容度。特别是，面向非华裔外国专家的"外专千人"是探索更加开放的人才政策的一个很好的样本，是"择天下英才而用之"的最新实践。

从地方引进海外人才政策创新的实践来看，地方竞争越激烈的地方，引才政策越开放，引才政策创新越频繁。长三角是我国经济最发达的地区，也是地方竞争最激烈的地区，长三角各城市为吸引海外人才，纷纷制定更加开放、更加便利的引才政策。开放性的引才政策导向一旦形成，激烈的地区竞争倒逼各地方政府积极探索在国家政策允许的范围内进行政策创新，尽可能地破除人才流动的制度障碍，降低人才流动的成本，为海外人才创造适宜的工作和生活环境。

第四节　海外引才政策创新的评价框架

从公共政策全过程来审视，政策评价既包括对政策方案的评价，也包括对政策执行以及政策效果的评价。政策评价涵盖对一项政策的内容、执行、目标实现以及其他效应的估计与评价。对海外引才政策创新的评价，主要包括两个方面：一是对政策创新的内容进行评价，二是对政策创新的成效进行评价。

对于政策创新内容的评价指标，主要包括：政策目标，即政策是否明确、具体、可操作性强，是否能够有效吸引高层次人才到国内工作、创新创业；政策手段，即引才政策是否包括多种渠道与手段，如资金资助、税收优惠、创新创业平台建设等；政策透明度，即政策信息是否公开透明，计划进展和效果评估是否及时公布；政策执行力，即政策执行的机构是否有效、执行能力是否强，政策完成度和效果如何等；政策反馈机制，即是否建立科学、有效的政策反馈机制，及时了解政策执行过程中的问题和成果；政策国际竞争力，即政策对国际高层次人才的吸引力与国际竞争力如何；以及政策的社会接受度，即政策是否得到国内各方面的广泛认可与支持，是否符合国家的发展方向等。

对于政策创新成效的评价，需要区分政策产出和政策效果。政策产出（或政策输出）是目标群体和受益者所获得的货物、服务或其他各种资源。政策产出所引起的人们在行为和态度方面的实际变化即是政策效果。政策效果主要包括以下几个方面的内容：公共政策预定目标的完成程度，公共政策的非预期影响，与政府行为相关的各种环境的变化，投入公共政策的直接成本和间接成本，以及公共政策所取得的收益与投入成本之间的比率。

展开来讲，公共政策评价中的政策效果有以下四种类型：一是直接效果，即公共政策的实施对所要解决的公共政策问题及目标群体所产生的作用。二是附带效果，即公共政策实施可能对并非作用对象的个人、团体或环境产生影响，这种影响超乎公共政策制定者原来的目标和期望，是政府行为的溢出效果，既有正面的，也有负面的。三是潜在效果，即有些公共政策的效果和成本在短期内不易为人们察觉，但有可能在今后相当长的一段时间里表现出来。四是象征性效果，即公共政策产生的有形效果可能十分微弱，其初始用意在于让目标群体以为他们关心的问题已经得到解决或者正在解决之中，从而减轻对政府的压力或者激发起某种精神。通过对以上方面进行综合评估，可以更全面、深入地了解海外引才政策创新的情况以及政策效果，为政策的优化和完善提供参考。

尽管我国学成回国的人数的绝对量呈增长趋势，但是回国人数仍旧少于出国人数，可见原有的海外人才引进政策未能充分地发挥作用，尚存在一定问题。如：各地缺乏科学的引才规划，未能结合区域特征有针对性地引才；引进标准弹性较大，"高度"不高，引进人才能够发挥的实际作用有限；重引进，轻培育，人才引进后相关的对接措施不完善，缺乏合适的平台和相关激励监督机制激发人才效能；配套政策和服务不健全，相关解释不统一，行政手续烦琐，影响人才融入，人才的户籍、住房、子女教育等方面仍面临诸多不便，影响海外人才回国的积极性；等等。在海外引才政策创新的评价中，要重点强化对上述问题的关注。

第五节　海外引才政策创新的内容成效

改革开放伊始，我国重新向海外派遣留学生，这也意味着海外引才的开始。经过多年的发展，我国海外引才已经形成了相对健全的政策体系，涉及引、用、留等多个环节，从中央到地方各级政府都出台了引进海外人才政策，这些政策彼此协调，相互补充。随着我国在引进外国专家以及吸引留学人员回国等方面的政策创新力度不断加大、内容不断拓展，海外引才政策体系日益完善。目前，涉及出入境、居留、户籍管理、社会保险、计划生育、配偶就业、子女上学等生活待遇以及职业资格、项目申请、经费资助、收入分配、税收、表彰奖励、知识产权保护、投融资等方方面面，涵盖奖励性政策、保障性政策和发展性政策，重点针对解决"引得进""留得住""用得好"问题的引才政策体系已基本形成并不断丰富发展。

一、海外引才政策创新的主要内容

（一）奖励性政策

奖励性政策是指在人才引进之初通过物质奖励和荣誉表彰来吸引人才的相关政策设计。它关注的是对人才回流的"引力"，主要是要解决"引得进"的问题，在创新的过程中发展出了薪酬待遇、一次性奖励、创新创业资助、绩效奖励等不同的政策工具。

1. 薪酬待遇

在薪酬待遇方面，海外高层次人才薪酬标准与国际接轨正成为趋势。北京、天津、重庆、西安等地规定引进人才的薪酬待遇参考海外的收入水平，同时实施期权、技术入股、股权奖励、分红权等多种形式的激励。

2. 一次性奖励

一次性奖励是各地用来吸引人才的重要手段。各地的奖励水平存在较大的差距。北京市、上海市参照中央"千人计划"的标准给予引进人才一次性奖励100万元；广州市给予引进人才30万～100万元奖励；深圳市给予人才

80万～150万元奖励补贴；天津市给予创新人才100万元奖励，给予创业人才300万元奖励；苏州市给予引进人才50万～250万元奖励；西安市给予引进人才10万～50万元奖励。

3. 创新创业资助

创新创业资助在近年来备受各地政府重视，主要采取"启动资金"形式。例如，广州市规定给予创业人才最高500万元的启动资金，不超过500万元的股权投资；深圳市规定创业资助最高500万元，项目研发资助最高500万元，成果转化资助最高1000万元；苏州市给予100万～400万元的科研经费资助。武汉市东湖区"3551光谷人才计划"规定，对于确属特别优秀、具有世界一流水平的高层次创新创业人才和团队可根据具体情况一事一议，资助金额最高可达1亿元。

4. 绩效奖励

北京市规定按引进人才对地方财政收入作出的贡献，可以市政的名义予以奖励；苏州市规定三年内年销售超过5000万元的姑苏创新创业领军人才企业，再给予10万元的科研经费资助，以及1000万元以内的融资贷款担保。

（二）保障性政策

保障性政策是指针对人才在新的工作和生活环境下的后顾之忧，为人才顺利适应新环境创造有利条件的相关政策设计。它主要是为引进人才创造良好的生活条件，解决生活中遇到的实际困难，协助其尽快融入当地社会，从而解决人才"留得住"的问题。已有的政策创新在保障性政策方面，主要体现在以下方面：

1. 住房

在住房政策方面，我国早期引进外国专家政策提出，一方面可以先利用现有饭店、宾馆安排外国专家入住，另一方面积极建造一批外国专家公寓。在后续的管理过程中，大体形成了五种满足在华外国专家住房需求的政策措施：一是为来华工作外国专家提供免费的专家公寓；二是为外国专家在外租房给予一定数额的补贴；三是所有外国文教专家目前仍享受免费住房的优惠政策；四是有的聘请单位根据所聘专家（主要是海外留学人员）本人需要和请求，为其购房给予一定数额的补贴；五是有的省市规定海外高层次留学回国人才（多是母校毕业的学生）可以购买具有自主产权的住房。对回国工作的海外高层次留学人才的住房，采取发放一定住房补贴的办法，由其按照国家有关政策规定租住或购买。有条件的用人单位可提供一套与其职务相应的国家规定标准的住房，其租金或购房价享受与单位其他人员同样的政策。随着海外人才引进力度的加强，加上全国性的住房政策改革，海外人才住房政策也有了一些调整，部分省市开始探索允许外籍人士购买自用、自住住房的政策。此外，天津、沈阳、长沙等城市也增加了外国专家在华购置自用住房的自由度。各地针对海外高层次人才出台的住房政策可分为三种方案：一是放宽购房限制，这一问题主要针对房地产限购城市。二是筹资建设人才公寓。三是对购房、租房给予补贴。

2. 户籍

对于回国后，欲在原户口注销地恢复户口的，如已在当地取得具有产权住房的，可在原住房所在辖区派出所恢复户口；如没有产权住房，可根据其本人在当地按直系亲属、旁系亲属、朋友以及原工作单位的先后次序，凭有关当事人或单位出具的同意该申请人迁入本户的书面证（声）明材料以及申请人的相关材料恢复户口；对于不具备上述条件的，准予其凭上述证明在当地保存其档案的人才中心落户。对于回国后欲在原籍户口所在地落户的留学人员，各地公安机关应准予其凭最后一次回国时持用的中国护照申报恢复户口，原籍户口所在地公安机关经核实后为其办理落户手续。对于回国后欲在就业地落户的留学人员，原则上除北京、上海以外的各地公安机关应准予其凭最后一次回国时持用的中国护照、就业单位以及当地人社部门出具的证明，办理在当地的落户手续；北京、上海等特大城市也应结合本地经济社会发展和综合承受能力，适当放宽相关政策。

另外，根据中共中央组织部、人力资源和社会保障部的规定，回国创业留学人员本人及其随行配偶、未成年子女，经本地人力资源社会保障部门和公安部门审核后，可在创业地或其本人原籍户口所在地落户，也可在其本人原户口注销地恢复户口。其中，北京市、上海市应该结合本地对人才的需求以及经济社会发展水平和综合承受能力，制定对非在本地注销户口或原籍不在本地的回国创业留学人员的户口迁移政策。

3. 出入境

对于持外国国籍的引进人才及其配偶子女而言，在华的居留和通关是其关心的核心问题。对于已取得外国长期或永久居留权回国工作的高层次留学人才，回国时携运进境的自用物品，按照海关对非居民长期旅客进出境自用物品监管有关规定办理手续。关于为回国（来华）工作的高层次留学人才和海外科技专家办理进出境物品通关免税手续问题的规定，国务院各部委、各直属机构、各中央企业回国（来华）工作的高层次留学人才需办理进出境物品通关免税手续的，由用人单位申报，经各部委、各直属机构、各中央企业组织人事部门审核后报人力资源社会保障部专业技术人员管理司审核通过后向相关地方海关出具统一格式的身份证明。各省、自治区、直辖市回国（来华）工作的高层次留学人才和海外科技专家需办理进出境物品通关免税手续的，由各省级人力资源社会保障部门向当地海关出具统一格式的身份证明。根据有关规定，经认定的高层次留学人才和海外科技专家，以随身携带、分离运输、邮递、快递等方式进出境合理数量的科研、教学和自用物品，海关依据有关规定予以免税验放；可依据有关规定申请从境外运进自用机动车辆1辆（限小轿车、越野车、9座及以下的小客车），海关依据有关规定予以征税验放。此外，各地出台的政策都规定优先办理多次入境签证、外国人居留许可和外国人永久居留证，并规定了具体办理时间。

4.子女入学

教育是民生的重要问题，对有关外籍人员子女学校作出专门规定，允许在中国境内合法设立的外国机构、外资企业、国际组织的驻华机构和合法居留的外国人申办外籍人员子女学校，同时鼓励并支持外籍人员子女学校开设汉语和中国文化课程。考虑到外国专家子女因为语言不通等问题遇到上学的困难而开辟绿色通道，由居住地教育行政部门按照就近入学原则优先办理。子女在国内上初中、小学的，由工作单位所在地的教育行政部门就近安排到条件较好的学校或"双语学校""双语班级"，报考高中、大学的，可酌情给予适当照顾。对于"千人计划"人才，中央明确要求其子女就学可按本人意愿，由有关部门协调解决配偶安置和子女就学问题。各地政府对解决好引进人才子女教育的问题给予了较大的关注，如规定优先进公办学校或是协助解决进国际学校等。

5.社会保障

对回国创业留学人员的社保问题做了规定，回国创业留学人员按照国家有关规定参加中国境内各项社会保险（有社会保险双边或多边互免协议的除外），包括基本养老、基本医疗、失业和工伤保险等，缴费年限以实际缴纳各项社会保险费的年限为准。回国创业留学人员可凭劳动、聘用等有效合同和各地人力资源社会保障部门的证明在当地建立个人住房公积金账户。非本地户籍的回国创业留学人员可以按规定，在当地缴存和使用住房公积金，离开该地区时，可以按规定办理住房公积金的提取或转移手续。已加入外国籍的回国创业留学人员在中国境内跨统筹地区流动，按照有关规定办理社会保险关系转移接续，享受各项社会保险待遇的办法和个人住房公积金时，在缴费标准、转移办法和享受待遇等方面，与中国公民有相同的权利和义务。此外，各地政策均规定引进人才及其配偶子女可以参加各种社会保障，不少城市还规定用人单位可为引进人才购买商业性补充保险。

6. 医疗卫生保障

医疗卫生保障也是海外高层次人才顾虑较多的问题。外国专家在华工作期间享受到应有的健康医疗卫生方面的服务，引进外国专家政策从平时就医服务和应对突发性公共卫生事件两方面着眼，出台了相关政策。在平时就医服务方面，凡来华工作的外国专家（包括随行家属），应当拥有医疗保险，作为华工作期间的基本医疗保障。除合同别有规定的外，来华工作期限不足半年（学校为不足一学期）的外国专家，应在来华前自行购买中国境外医疗保险，并且所购险种确能覆盖在华工作期间所发生大病和住院医疗费用。对确有困难未能在来华前购妥上述医疗保险的外国专家，应及时购买中国境内能覆盖专家在华工作期间所发生大病和住院医疗费用的保险。对来华工作期限超过半年（学校为超过一学期）的外国专家（以下简称长期外国专家），聘用单位应当在中国境内为其购买包括大病保险和住院保险在内的专项医疗保险（合同别有规定的按合同条款执行，但要确保外国专家在华工作期间拥有基本医疗保障），对已购买中国境外医疗保险且所购险种确能覆盖在华工作期间所发生大病和住院医疗费用的长期外国专家，经协商可以不再购买中国境内医疗保险。为了消除突发公共卫生事件对在华外国专家的危害和影响，保障外国专家的身体健康、生命安全和切身利益，维护正常的引进国外智力工作秩序，国家外专局根据《突发公共卫生事件应急条例》制定了《突发公共卫生事件期间外国专家工作应急办法》。

（三）发展性政策

发展性政策是指为人才发挥作用、不断进步发展、实现个人价值创造有利条件和宽广舞台的相关政策设计，主要是要解决人才"用得好"的问题。当前的政策创新，在发展性政策方面主要是从支持人才创新和扶持人才创业两个方面展开，主要体现在以下六个方面：

1. 税收优惠

以个税或企业所得税的减免和返还为主要形式的税收优惠，是当前普遍采用的政策创新手段。高层次留学人才回国创办企业，按照国家的产业和区域税收政策享受相应的税收优惠。其中，创办高新技术企业的，享受国家高新技术企业优惠政策。对我国经济科技发展具有战略意义的重点项目，经有关部门审批，可专门立项，按照有关规定给予支持。对留学人员创业税收优惠进一步规定如下：属于国家需要重点扶持的高新技术企业，减按15%的税率征收企业所得税；企业开发新技术、新产品、新工艺发生的研究开发费用，可按实际发生额的150%在计算应纳税所得额时加计扣除；企业从事农、林、牧、渔业项目的所得，从事国家重点扶持的公共基础设施项目投资经营的所得，从事符合条件的环境保护、节能节水项目的所得，可以免征、减征企业所得税；企业以《资源综合利用企业所得税优惠目录》规定的资源作为主要原材料，生产国家非限制和禁止并符合国家和行业相关标准的产品取得的收入，可以在计算应纳税所得额时减计收入。

2. 职务职称评定

受我国职称和用人制度的影响，职务职称评定是海外高层次科研人才顾虑较多，也是反映较大的方面。为此，近年来各地加大了对这一问题的改革力度。例如，北京市规定，海外高层次人才可担任市属高等院校、科研院所、国有企业和国有金融机构中级以上领导职务（外籍人士担任法人代表的除外）或高级专业技术职务，可不受用人单位的编制和专业技术职务结构比例限制，可先接受再消化。

3. 管理自主性

北京、上海、天津、重庆、西安等地规定，按国际惯例和科研规律，设置考核周期和考核指标，采取弹性考核和评价方式；规定引进人才有权决定科研经费的使用，有权按照有关规定对项目研究内容或技术路线进行调整，有权决定团队成员聘用，赋予引进人才进行学术管理的自主权。

4. 投融资支持

随着创业人才在海外高层次人才中比重的增加，投融资支持成为各地吸引创业人才的"重头戏"，目前主要有创投基金、投融资担保等形式。进一步改进和完善创业贷款管理，推进金融产品和服务方式创新，研究探索"银行＋担保＋额外风险补偿机制"的贷款模式，加强对留学人员回国创业的金融服务。鼓励担保机构和再担保机构为留学人员回国创业提供贷款担保和再担保服务。还要求，有条件的地方可以设立政府创业投资引导基金，引导和鼓励国有企业、私营企业、外资企业、社会团体、自然人等各类社会资本参与创业投资事业，为留学人员回国创业拓宽融资渠道。

5. 企业技术转化支持

技术转化是留学回国人员创业成功的关键，从政府职能角度，可以通过政府采购中的倾斜性政策、知识产权保护的保障性政策以及技术成果作价入股的激励性政策来实现对企业技术转化的支持。留学人员企业参加政府采购公开招标，按有关政策规定予以支持。还提出，鼓励留学人员企业申请专利，形成企业自主知识产权与核心技术的专利保护，加大对留学人员企业专利申请的支持力度；回国创业留学人员的技术成果可按国家有关规定作价入股投资。

6. 企业研发支持

研发和科技创新是很多留学人员创办企业的生命力和竞争力所在。因此，企业研发方面的扶持和鼓励构成了留学人员普惠性创业支持的重要方面。鼓励留学人员企业申报各级各类科学技术和科研基金项目，开展科研活动。同等条件下，对研究开发水平高、具有良好产业化前景的留学人员企业科研项目予以优先支持。还提出，鼓励各高等院校及科研机构实验室向留学人员企业开放，支持留学人员企业建立企业技术中心或与高等院校、科研院所联合组建工程技术研究中心，并享受相关优惠政策；鼓励有发明专利或科研成果的回国创业留学人员申报国家和省部级有关科技奖项。

二、海外引才政策创新的主要成效

随着我国不断加大力度引进海外人才，我国人才竞争力近年来取得较大的提升。综合来看，海外引才政策创新在吸引海外高层次人才、提升科技创新、促进经济发展等方面都取得了一定的成效。主要体现在以下四个方面：一是实现人才流入。吸引了一大批高层次人才回国创新创业，提高了国内人才资源的供给能力，以及学术研究和企业创新的水平。二是增强创新能力。海外引才政策创新为科技创新提供了人才、技术和资金支持，推动了国内科技研发的转型升级，提高了国内的科技创新能力。三是促进经济发展。吸引了一大批高层次人才，特别是创业人才，为国家增加了就业岗位、创造了更多的财富，为经济发展带来新的动力。四是促进国际交流。海外引才政策创新也加速了外国人才与国内人才之间的交流与合作，增强了国际合作的水平，提升了中国在国际学术和商业领域的声誉和影响力。总之，海外引才政策创新对于国家的经济发展、科技创新和国际化发展具有重要的推动作用，是推进国家建设创新型国家的有力支撑。

第六章　海外高层次人才引进宏观效果与政策体系评估优化

第一节　我国海外高层次人才引进宏观效果分析

一、海外高层次人才引进的描述性分析

积极引进和用好海外人才与智力是党和国家长期坚持的重要战略方针，是创造人才红利、推动创新发展的重要手段，是提升对外开放水平、全面深化改革的重要力量。我国高度重视引进海外人才与智力工作，提出"聚天下英才而用之"，鼓励引入海外高层次人才，来共同实现伟大中华民族伟大复兴的宏伟蓝图。希望通过进一步优化海外高层次才引用环境，让有志来华发展、为华贡献的海外高层次人才"引得进、留得住、用得好"。恰逢近年来我国海外高层次人才工作进入飞速发展的窗口期，取得了一定效果与成绩。

首先对目前我国海外高层次人才引进的宏观效果进行描绘，主要从海外高层次人才引进规模、引进结构、流向分布、引进质量以及重要进展等几个方面进行分析，使评价更加客观、全面。出于数据的可获得性及权威性的考虑，本书研究中对于海外高层次人才的宏观效果分析是基于国家统计局与国家外国专家局联合编制的《境外来中国大陆工作专家统计调查资料汇编》而进行的。特别需要说明的是，数据来源中，境外专家包括外国专家和港澳台

地区专家，这与本书研究主题中的海外高层次人才的界定存在出入，因此对官方统计数据中港澳台地区专家数进行剔除处理，即以外国专家数据为代表来反映我国海外高层次人才的引进效果。

二、各具特色的地方海外高层次人才引进政策格局逐渐形成

在国家"千人计划"等海外高层次人才引进政策的引导下，各地方除了积极落实中央政策外，也结合本地区发展实际，积极出台了各具特色的海外高层次人才引进、管理等政策，如上海的"人才高峰"工程、北京市的"海聚工程"、天津市的"海河英才计划"、深圳市的"孔雀计划"、浙江的省级"千人计划"、广东省的"珠江学者"计划等，各地方海外高层次人才政策与国家政策上下联动，逐步形成了多层次、多渠道、错落有致的引才、用才格局。

综合我国海外高层次人才引进规模、结构、分布、质量以及重要进展的分析，可以看出近年来我国海外高层次人才引进宏观效果斐然，但还存在海外高层次人才资源规模的持续增长动力不足、引才结构、分布及质量需要进一步优化等问题，具体如下：

一是在我国进入高质量发展新阶段，海外高层次人才引进对创新驱动发展、高层次人才队伍建设具有重要意义。但受目前国内外经济环境变化的影响，海外高层次人才引进数量增长放缓。对于如何进一步扩大引进规模，尚需更为有效的刺激手段来激发海外高层次人才来华（归国）发展的热情。

二是海外高层次人才来源尚需进一步丰富，引才结构尚需进一步优化。来自亚洲的海外高层次专家仍然占据绝对多数，在亚洲以外的地区，除从美国、德国引进的海外高层次人才具有一定规模并且持续增长外，来自欧洲、北美洲其他发达国家和地区，以及其他发展中国家的海外高层次人才数量普遍偏少，我国海外高层次人才引进的覆盖面有待进一步拓展。

三是在引进流向分布方面，海外高层次人才主要集中在东部发达地区，海外高层次人才资源配置失衡。东部地区凭借其强大的竞争优势地位，大量获取人才、资金、技术等要素并促进这些要素向其集聚，对其他偏远地区的辐射带动作用不大。中西部及东北部的海外高层次人才引进与"中部崛起""西部大开发""振兴东北"的国家发展战略的强烈人才需求不匹配，海外高层次人才引进工作需要针对西部地区资源优势不明显、缺乏项目支撑以及东北和中部地区传统产能过剩、经济转型升级压力较大等情况，注重全面统筹、协调发展。此外，基于行业分布的分析来看，新兴技术产业与高端服务领域引入的海外高层次人才比重偏低，与我国创新创业热潮及产业结构转型升级的要求相比，海外高层次人才引进的支持作用有待于进一步加强。

四是海外高层次人才引进质量结构需要持续提高。从学历结构来看，高学历海外人才的占比较小，博士学历海外高层次人才的数量虽有所增加，但依然不能满足我国在发展攻坚期对高质量海外高层次人才的迫切需求，仍有很大提升空间。在年龄结构上，在海外高层次人才引进以中老年为主，年轻力量占比较少。当前新兴产业的内驱力中需要更多的新鲜血液，亟需优化海外高层次人才年龄结构，以促进我国各领域及事业的可持续发展，整体提升人才队伍的发展潜能。

第二节　政策工具视角下我国海外高层次人才政策体系评估

海外高层次人才作为具有创新优势的人力资源已成各国纷纷争夺的热门对象。为有效利用海外人才资源，各国政府纷纷制定了包含海外人才"引育用留"等环节在内的系列政策与措施。与此同时，我国海外高层次人才引进的宏观效果提升离不开宏观制度环境的优化与改善，因此为解决我国海外高层次人才引进效果的提升问题，需要对我国现有海外高层次人才政策体系进行全面评估，以找寻政策缺失与不足，通过优化对策研究打造提升海外高层次人才引进效果的完善制度环境。海外高层次人才政策评估过程选取了文件名称中包含"海外高层次""海外高端""外国专家""千人计划"关键词的国家级人才政策，以及与海外高层次人才管理工作直接相关的法规、意见、办法、通知、规划、措施等国家层面的政策文件。

一、我国海外高层次人才政策的阶段特征分析

我国海外人才政策的发展历程呈现出一定的发展规律与阶段性特征，因此有必要对我国海外高层次人才政策的历史沿革进行分析，以更好地把握未来发展方向。我国海外高层次人才管理工作是伴随着国家发展与复兴而逐渐开展进行的，且不同发展阶段有着不同的工作重点。在改革开放以前，由于国内环境及国际环境的影响，我国引入的外国专家主要来源于苏联及部分东欧国家，因此当时的海外高层次人才政策比较单一。改革开放之后，我国海外人才工作也翻开新篇章，具体分为以下几个阶段：

（一）逐渐恢复与初步探索阶段

改革开放初期，我国明确提出外国智力的概念和利用外国智力加速推进我国现代化建设事业的重要思想，由此开启了我国改革开放以来引进海外高层次人才工作的新局面。在这一阶段，海外高层次人才政策主要是为了吸引海外华裔人才，强调民族感情及给予较高的工作待遇、生活福利来吸纳海外高层次人才归国参与四个现代化建设。引进海外人才工作受主客观条件限制处于散点分布、各自探索的状况，政策主体尚不明晰，加之考虑到经营管理、文化教育领域的海外高层次人才引进可能涉及意识形态建设等方面的问题，因此更加偏重引进自然科学、工业工程领域的专家学者。同时，各单位引进海外高层次人才工作所需经费也基本要求由各单位自行解决，海外高层

次人才政策体系尚未形成合力，引智引才工作进展迟缓且只能小规模开展。

（二）全面规划与快速发展阶段

在引进海外高层次人才工作得到初步探索之后，我国积累了一定经验和成果，海外人才政策开始逐步走向全面规划与快速发展阶段，重点关注高精尖的海外人才领域。在这一阶段海外高端人才政策开始进一步细分对象类别，制订了系列差异化专门计划，如"青年千人计划""短期千人项目""外专千人计划"等。这表明我国政府细化了海外高层次人才政策举措，使其在横向上不断拓展引进海外高层次人才的工作局面，在纵向上不断深化海外高层次人才引进的工作力度。在海外高层次人才引进目标、海外高层次人才引进渠道和方式、海外高层次人才使用机制、激励政策等方面不断拓展。在此阶段，我国海外高层次人才引进规模迅速扩大，海外高层次人才工作明显呈现出整合的特征，政策主体逐渐明晰起来，并开始重视来华工作海外高层次人才的工作环境、实验条件等外在因素，重视研究团队的引进，对海外高层次人才的管理与服务更加强调以人为本、以用为本，引智引才形式方面更加灵活。

（三）突破创新与层次提升阶段

关于海外高层次人才工作的系列政策规划取得了很大的成效，但随着引才环境的迅速变化，我国海外高层次人才工作开始出现政策主体多元化、政策工具相对单一、政策制定和实施缺乏数据基础和量化政策分析模型等问题，增加了政策协调的复杂性和难度。同时，我国海外人才信息数据平台建设滞后，部分海外高层次人才政策决策模式还处于经验式管理阶段，政策制定系统缺乏全面细致、科学有效的数据作支撑。我国多次强调要重视海外高层次人才管理工作，提出人才政策方面手脚还要放开一些。在此阶段，海外人才政策累计数量大幅上升，政策体系已比较成熟，具体政策见表1。

表 1　我国海外引才的政策体系

引才引智项目或政策	主管或发文部门	启动时间
"千人计划"	中组部	2008 年
"青年千人计划"	中组部	2011 年
"百人计划"	中国科学院	1994 年
"创新团队国际合作伙伴计划"	中国科学院	2001 年
"国家杰出青年科学基金"	国家自然科学基金委员会	1994 年
"高层次留学人才回国资助计划"	人力资源社会保障部	2002 年
"留学人员回国创业启动支持计划"	人力资源社会保障部	2006 年
"赤子计划"	人力资源社会保障部	2009 年
"海外智力为国服务行动计划"	中国科学技术协会	2003 年
"海外人才离岸创新创业基地"	中国科学技术协会	2015 年
"国家引才引智示范基地"	科技部	2017 年
"高端外国专家引进计划"	科技部	2019 年

二、海外高层次人才政策的协同性分析

政策的协同性是指国家职能部门为了完成海外高层次人才工作的预期目标，而强调各个部门之间的协作与合作，使各部门的相关工作步调的一致程度。因此，分析现有海外高层次人才政策制定主体所涉及部门，可从部门之间的配合程度反映海外高层次人才政策的协同性。当前各省份海外引才工作涉及的职能部门多达十多个，本身协调难度较大，虽然有统一的人才服务窗口提供服务，但还是难以解决引进人才过程中经常出现的非常规性事务，在调查中我们发现很多海外引进人才在居留、子女入学、税收、购买仪器设备等具体事项方面遇到难题没有得到解决，特别是与先进省份相比，更多省份的海外人才感觉到人才体制改革比较慢、办事比较难。且由于多个部门分别负责不同类别的引才项目，各主体缺乏良好的信息沟通和联动机制导致很多

时候引才工作总是"慢一拍"，导致一些政策难以得到有效落实。

三、海外高层次人才政策的系统性分析

海外高层次人才政策系统应是由相互联系、相互支持的政策文件组合而成的有机整体。政策的系统性分析则是通过分析政策文件的效力层次、主题结构来评价政策系统是否全面与均衡。本书研究基于政策工具分析方法的思路，构建了海外高层次人才政策系统性分析XY二维框架：以政策文件主题，即引进、培养、评价、激励等为标准的X维度，和以政策文件效力层次为Y维度，通过分析政策文件的效力层次、主题结构来评价政策系统是否全面与均衡。

（一）对海外高层次人才政策的 X 维度分析

海外高层次人才政策主题是通过政策所陈述的内容来反映政策颁布的目的和主旨。结合海外高层次人才管理工作的环节及特点，本书将其政策主题划分为综合类、教育培养、评价激励、基金经费管理、安全保障、出入流转、工资福利、管理服务、平台中介、吸收引进10个主题。从整体来看，现有海外高层次人才政策体系兼顾了海外高层次人才工作的各个方面，促进和激励了海外智力来华贡献。但是不同主题的政策在具体运用上却呈现出明显的差异和分化。综合性政策文件、管理服务文件分别约占政策总量的20%以上，吸收引进海外高层次人才的政策及有关工资待遇的文件占比均约占15%，其余有关海外高层次人才的平台中介、出入流转等主题文件占比均在10%以下，针对海外高层次人才评价激励的政策仅有1部，有关海外高层次人才教育培训的政策尚且空白。因此，从政策主题的分布及结构来看，现行国外人才政策没实现对各项职能及工作的全面覆盖，政策系统内部组成单元之间结构失衡。

（二）对海外高层次人才政策的 Y 维度分析

将政策的效力层次作为系统二维分析的Y维度，旨在研究现有海外高层次人才政策系统中各政策单元指导相应实践工作中的权威性及法律效力，整体分析相关政策是否在效力配置上协调合理。将海外高层次人才政策文件按法律效力来进行分类，包括法律、行政法规及一般性政策文件。海外高层次人才的相关法律在本书研究中特指与海外高层次人才工作直接相关的，由全国人民代表大会审议通过的，拥有最高效力和执行力的政策。行政法规则是特指国务院为领导和管理海外高层次人才工作，根据宪法和法律制定的具体政策。现行海外高层次人才相关的行政法规共有2部，分别是：《中华人民共和国外国人入境出境管理条例》《关于为外国籍高层次人才和投资者提供入境及居留便利的规定》。其余政策文件均是国务院直属单位或机构制定的有关海外高层次人才工作的意见、规定、办法等一般性政策，占比约97%。

四、我国海外高层次人才政策体系问题分析

通过对海外高层次人才引进宏观效果与政策体系的阶段特征分析、协同性分析及系统性分析，我们发现目前我国海外高层次人才政策体系及操作落实过程中尚存在一定的问题。主要表现如下：

（一）缺乏有效统筹，顶层引领作用有待强化

海外高层次人才工作缺乏顶层设计。一方面，长期以来以政府为主导的资源配置方式限制了市场主体引进海外高层次人才资源的积极性与主动性；另一方面，单纯依靠市场调控则会导致海外高层次人才资源加剧向经济较为发达的地区集聚，导致对海外高层次人才工作的引领作用尚未得到有效发挥。在海外高层次人才系统整合方面，缺乏一体化管理的体制机制以及相关

统筹协调工作，未明确各个部门及各个地区在海外高层次人才管理中的作用与地位。

（二）缺乏立法支撑，政策条块化现象突出

现行关于海外高层次人才工作的政策多为"通知""意见""办法"等，61部政策文件中仅有一部国家法律，且是关于出入境管理环节的法律，并无专门针对海外人才或海外高层次人才管理的基本法。可见，海外高层次人才政策体系中政策层次相对较低，绝大多数政策均为政府规章，政策体系不健全，权威性、指导性不足。并且，由于缺乏法律依据和统一的规范指导，致使海外高层次人才政策条块化明显，政策之间产生趋同，甚至存在冲突。

（三）重视政策出台过程，轻视政策实施与落实

现有海外高层次人才政策体系中，旨在鼓励与倡导的综合性、规划性政策文件较多，相比较之下，具有操作性、程序化的具体落实文件明显不足，指导性政策文件与操作性文件严重不匹配，政策系统构成失衡。国家关于海外高层次人才工作的宏观方向明确，但却无实施对策，相应细则没有出台或者严重滞后。政策纷纷出台，但却没有真正转化为相关各级部门的具体行动，致使对海外高层次人才实际管理工作投入力度小，政策落实困难；加之缺乏政策实施跟踪反馈机制与动态调整机制，最终使政策制定与现实工作相脱节，不能满足海外高层次人才管理工作的发展。

（四）重视引进与过程管理，轻视后续培养与激励

从政策的主题分布上来看，海外高层次人才引进政策、管理服务政策与其他工作环节的政策相比明显数量较多。与之相比，关于海外高层次人才教育培训的规定散落在其他政策文件中，还未形成具有针对性的专门政策；评

价激励方面的专门政策也屈指可数，反差明显。虽然引进与管理服务是当前海外高层次人才工作的重点，但是准确的选择引进与正确的管理服务是建立在各环节工作发挥相应作用的系统之上的。只有对引入人才进行持续关注，为其提供良好发展平台与环境，辅以必要的知识更新与交流培训，设立科学评价体系与激励机制，才能真正发挥海外高层次人才的智力优势。

第三节　海外高层次人才政策体系的结构优化

当前，百年未有之大变局的时代背景和我国高质量发展的现实发展要求不断推动国际人才交流与合作，要求我国不断提升对于海外高层次人才"择"与"用"的质量和效果。因此，针对海外高层次人才政策体系存在的短板和不足，需要以政策集成优势构建海外高层次人才集聚高地，以制度环境的优化来促进海外高层次人才引进效果的提升。基于此，本书重点提出对海外高层次人才政策体系的以下三项优化模式。

一、构建"政府牵引—市场主导—地方适宜"模式

海外高层次人才引进与管理工作中应加强顶层制度设计，发挥政策体系的宏观协调指导作用，积极协调海外高层次人才、政府人才工作部门和用人单位三者之间的关系。同时，更大限度地发挥市场作用，结合我国不同地区海外高层次人才聚集水平存在差异的现实，平衡海外高层次人才工作的中央与地方事权。不同地区应建立与其经济社会发展水平、引才实际情况相适应的海外高层次人才聚集模式，其中，针对海外高层次人才聚集程度较高的地区，以市场运行机制作为海外高层次人才聚集的主要动力，政府调控作为辅助手段；而针对海外高层次人才聚集程度偏低的地区，则着力发挥政府的牵

引作用，在海外高层次人才引进与聚集的过程中发挥助推功能，激发市场活力，带动市场机制发挥作用，促进海外高层次人才引进效果的快速提升。

（一）发挥政府牵引带动作用

在明确宏观战略部署与统筹协调的海外高层次人才工作方针的基础上，按照政事、政企、政社分开原则，进一步整合与明确各级海外高层次人才管理部门的工作职责，厘清责任事项、责任主体、责任方式，加快权力清单、责任清单、负面清单的制定工作，减少海外高层次人才准入、审批、许可等环节的具体事项；强化政府在资源投入的引导作用，鼓励支持企业、高校、科研院所、社会组织等有序参与国际人才资源开发和海外高层次人才引进。通过政府推动、政策扶持、资金引导大力培育市场化引进海外高层次人才智力的有效载体。

1. 建立健全海外高层次人才法律体系

加强政策引导，完善制度建设。根据"依法治国"的方针，海外高层次人才政策体系的构建也必须有法制的引导和规范。在海外高层次人才政策体系中人才立法是制度的顶层设计，为海外高层次人才管理工作的有序推动提供强有力的法律依据和政策保障。因此应借鉴国际立法经验，结合我国海外人才管理工作的实际需求，积极推动出台如海外高层次人才在华工作管理条例、移民法、海外高层次人才转会管理条例、海外来华工作人才税收法、国家安全保障法等系列相关法律，形成全面覆盖、全方位保障的海外高层次人才法律体系，推进海外高层次人才工作法制化和标准化。

2. 强化服务理念，加强政策科学有效性

树立"服务型政府"理念，克服海外高层次人才管理中存在的行政化、"官本位"倾向。一方面，建立政策"立项"制度，制定科学合理、切实可行的立法规划。研究出台海外高层次人才政策制定规范，为政策立项、研究、审批、公布等关键环节提供操作标准与依据，提高政策的科学性与权威

性。另一方面，加强政策宣传、政策应用、效果评价等环节的工作，切实推动政策落实到位。通过多平台、多渠道发布相关政策信息，并组织工作人员实地调查了解政策落实情况，采取举办政策解读培训班、网络互动答疑、电话回访询问等措施，确保政策落到实处，切实发挥政策的引领作用。另外，建立政策评估与动态调整机制，委托专业机构对政策的落实情况、实施效果等进行定期评估，并提出政策调整建议，促进海外高层次人才政策的持续优化。

（二）加强海外高层次人才市场服务体系建设

充分发挥市场在海外高层次人才资源配置的主导作用，构建灵活多样、精准高效的引智引才服务平台，积极推进引智引才服务的市场化、国际化，发展专业性、行业性的国际人才服务市场，提高海外高层次人才资源配置的市场化程度。

1. 强化市场机制作用，促进海外高层次人才流动

经济全球化的不断深化，必将持续催生人力资源的国际流动与配置。因此，应遵循市场规律，充分发挥市场机制的配置作用，进一步构建科学完善的国际人才市场体系，提高海外人才和智力资源配置的市场化程度。按照社会主义市场经济规律和人才成长规律，健全国际人才市场体系，尽快形成符合市场经济要求的海外高层次人才供给机制、价格机制、竞争机制和激励保障机制，构建公平竞争、自由发展、开放共享的国际人才发展环境。逐步健全海外高层次人才在国内的柔性流动机制，畅通人才流动渠道，发挥行业协会的带动作用和用人单位的主体作用。在不同区域的各类用人主体之间建立广泛的人力资源交流和合作机制，促进各类人才在不同单位和不同地域间的自由流动。

2. 开放国际人才市场，构建多元市场体系

国际人才中介机构是提高区域人才国际化的重要媒介。目前我国各地已

经出现一定数量的海外人才中介或培训等服务机构，但能够提供专业化的人才测评、高级猎头、海外高层次人才培训等高端服务的本土人才综合服务机构寥寥无几。考虑到数据安全的问题，应大力培育本土中介机构，帮助机构充分挖掘市场潜力，对接市场需求，开发特色市场化服务产品，促进海外高层次人才资源的市场化、职业化、产业化和全球化。与此同时，还应科学建立海外高层次人才中介与培训机构的资质考评机制和监督管理平台，重点培育出一些实力雄厚、业务水平高、服务网络完善的中介、培训机构作为海外高端人才"代理机构"，使之成为政府指定的开展海外高层次人才中介业务、培训业务及外包服务的供应商。

（三）平衡中央事权与地方事权的配置

我国不同区域资源禀赋不同，海外高层次人才政策的落实需要体现地方特色，因此转变政府观念与职能非常必要。充分激发区域海外高层次人才工作的活力需要政府权力的再分配，需要中央集权向地方扩权的进一步转化，从而给地方政府人才管理工作松开束缚，以提供地方适宜的有效管理。比如，不同地区海外高层次人才税收管理可在国家税收体系的基础上，申请适当个人所得税税收调整权，给予地方急需或重点领域的海外高层次人才合理的税收优惠，准许具有特别贡献的高层次人才税收免征及税收返还等。此外，在不同地域自主金融服务体系的建设、国籍户籍管理、出入境管理等制度的制定上也需要争取相对的自主权，以适应特殊发展的需要。

二、建立海外高层次人才工作的统一联动机制

海外高层次人才工作的管理职能条块化分割，相关各部门各司其职，缺乏配合，致使部门追求自身利益，而忽视整体利益，人才制度、政策难以落实到位。因此，必须建立关于海外高层次人才工作统一联动机制，打破原有

制度条块状态，统一指导思想与行动指南。

（一）推进海外高层次人才工作统筹管理

实现海外高层次人才工作统筹管理可以通过专门组建国家海外高层次人才管理局，并将其列入国家工作机构序列，加大人才工作统筹力度。推动海外高层次人才管理工作进一步简政放权，建立综合和统一的行政审批机构，厘清责任主体。开发海外高层次人才网上管理系统，实现引智引才网络服务一体化，简化审批程序，缩减审批材料，以降低行政审批成本，提高行政审批效率；建立统一海外高层次人才管理服务平台，设置数据处理中心，根据各部门职能设置权限处理业务。实现基础数据全面共享，专业业务数据按需共享，畅通信息传递渠道。

（二）构建纵向联动与横向联动交织网络

纵向联动即建立中央到地方各级政府部门之间的联动机制，主要表现在海外高层次人才制度的确立及政策决策时上下级政府之间的相互协商、协调一致，以及海外高层次人才管理信息的传递及回馈、海外高层次人才政策落实与过程监管等方面，保障层级信息畅通完全，数据口径一致。横向联动机制则是强调各个职能部门之间同级协作，积极建立定期会商制度，定期组织海外高层次人才管理工作相关部门召开工作联席会议，以确定目标任务，会商工作难点，推动工作落实。构建纵向联动与横向联动交织网络，最终，打破海外高层次人才管理职能条块化分割状态，实现纵向一致、横向协同的管理机制。

（三）强化区域间交流与合作

充分加强不同省份，不同区域海外高层次人才工作的互动与交流。虽然不同地区经济发展水平及海外高层次人才聚集水平存在差异，发展各有侧重，但也须为国家全面开放发展建立思想一致、动作整齐的海外高层次人才工作制度体系。应打破区域分割，着力在海外高层次人才工作信息传递与共享、工作流程方面建立联动机制；在海外高层次人才引进平台，资源对接方面相互合作，发挥人才溢出效应，从而促进区域间协同创新发展，实现"1＋1＞2"的海外高层次人才效应，带动海外高层次人才引进效果的整体提升。

三、加强海外高层次人才政策创新与供给优化

海外高层次人才引进效果的持续提升离不开相应政策的不断创新与供给，需要"聚天下英才而用之"，实施更加积极、更加开放、更加有效的海外高层次人才政策，加快建设世界重要人才中心和创新高地。

（一）加快海外高层次人才国籍管理创新

我国《国籍法》自1980年颁布实施至今，坚持"一人一籍"原则。该原则令诸多海外人才望而兴叹，包括外籍华人在内的外国人申请并获得中国国籍者寥寥无几。来中国发展及贡献的高层次人才只能通过申请"永久居留证"来保证在华的国民待遇。因此，海外高层次人才制度有必要在国籍管理方面开拓创新。一方面可以适当调整国籍制度，渐进式承认双重国籍，消除海外高层次人才来华工作的顾虑；另一方面积极研究制定海外高层次人才绿卡制度，为持卡人在居住、医疗、子女教育、资金申请、出入境等方面开通绿色通道或一卡通服务，以缓解国籍制度改革的压力，从而推动海外高层次人才集聚，特别是促进外籍华人"人才回流"。

（二）促进海外高层次人才出入境管理创新

根据目前我国的人员出入境管理的有关法律、法规，外籍人员进出我国

需要提前向我国驻外使馆提请签证，这在一定程度上限制了外籍高层次人才的自由移动。为了方便外籍高层次人才自由进出，参考其他国家和地区成功的经验，可对海外高层次人才实行落地签证或区域直通。在不影响我国出入境管理有关法律和法规规定的情况下，通过两种方式的联合应用，可以最大限度地保障海外高层次人才的快捷出入。

（三）落实海外高层次人才分类管理创新

目前对海外高层次人才的分类仅是基于在华工作时间的长短或职业工作领域进行简单机械的划分，并且分类结果不够具体详细，覆盖不全，致使对于不同特点的海外高层次人才无法进行差别化、特色化的管理与服务。因此，海外高层次人才政策的制定应突出不同人才的不同特点与需求，从规范职位分类与职业标准入手，建立海外高层次人才多维综合评价体系，以明确各类人才的管理原则、管理重点。通过分类管理对细化类型的海外高层次人才的最低工资标准、税收优惠、权益保护和出入境便利等方面制定具体政策措施。另外，构建不同层次的激励政策，匹配政治激励、物质激励、目标激励、荣誉激励、环境激励等多维机制，推动海外高层次人才管理工作的革新升级。

（四）推行鼓励海外高层次人才创新创业政策

在党中央的大力支持和正确领导下，创新驱动发展成为国家战略并取得积极效果。海外高层次人才在创新创业方面有独特优势，创新海外高层次人才创新创业政策十分必要。一方面，完善创新创业金融支持政策，对海外高层次人才创新创业实施定向服务。例如，联合国内外知名股权投资机构共同成立海外高层次人才创投基金，开通信贷融资绿色通道；实施创新创业税收激励政策，针对海外高层次人才在我国创办的高新技术企业，以及服务海外高层次人才创新创业的中介机构给予应纳所得税额的优惠；进一步推进海外高层次人才创新创业基地建设，广泛整合创新创业服务资源，搭建智力孵化增值服务平台，针对海外高层次人才创新创业项目在资源、技术、管理咨询的等方面的不足，联合有关部门，提供基础服务。另一方面，建立健全海外高层次人才创新成果转化交易市场，设立海外高层次人才科技成果转化中心，形成资源聚集、项目聚集、高精尖专家聚集的综合性成果转化服务平台和为区域企业服务的重要窗口；建立创新要素参与利益分配的回报机制，促进海外高层次人才积极发挥其知识、技术、管理、技能等优势，合理分享创新收益。为海外高层次人才参与创新型国家建设提供更加有效、全面的政策引导。

第七章　基于 I—BWM 的
海外高层次人才评价体系构建

第一节　海外高层次人才评价指标体系的确立

构建科学合理的评价指标体系是海外高层次人才有效评价的重要基础。海外高层次人才评价指标体系是将一系列相互影响和相互关联的评价指标，按照一定的逻辑层次构成的评价系统。首先，依据海外高层次人才的特点及引进作用，确立海外高层次人才评价指标体系的构建原则；其次，通过文献法梳理采集海外高层次人才评价的相关指标，并采用德尔菲专家咨询法对指标进行最终确定，选择出海外高层次人才评价体系的构成指标。

一、海外高层次人才评价指标体系的构建原则

（一）科学客观反映海外高层次人才的综合水平

海外高层次人才评价是一个复杂的系统工程，需要遵守系统性原则。首先，在充分认识和系统研究海外高层次人才资源典型特征的基础上建立评价指标体系，指标的设置应该能够体现出全面、准确、真实、充分的系统构建要求。其次，以人才评价理论为依据，评价指标选取应具有代表性、典型性，评价指标之间应边界清晰、概念清楚，不能存在内涵模糊、内容交叉的

情况，从而形成具有逻辑层次评价系统。再次，指标权重的确定需要采用科学方法，能够按照其对海外高层次人才评价结果影响的重要程度进行赋权；同时，由于个人经验与能力的不同，评价者的评价质量也会存在差异，因此应采用合理方法区别评价者权重。最后，评价方法及评价模型应具有科学依据，合乎现实逻辑。

（二）满足海外高层次人才评价的实践需求

海外高层次人才评价体系构建的目的在于能够真正用于海外高层次人才引进环节与使用过程中的评价。一方面，要求评价指标体系必须繁简适当，既不能遗漏信息，又不能重复评价；保证指标所需数据容易获取或便于观察，易于操作分析；在指标设计过程中要考虑到相关数据获得的难易度和准确性，所选的指标应具有可比性特征，通过纵向比较可以真实反映出海外高层次人才之间的客观差异；指标应具有相对稳定性特征，以实现纵向可比。另一方面，评价方法及模型设计兼具科学性与实用性，思路清晰、逻辑严密，并可依据其制定详细的操作步骤，方便现实应用。

（三）对海外高层次人才引进与管理工作发挥指导作用

对海外高层次人才评价的最终目的不仅是判断人才的优劣程度，更重要的是要对海外高层次人才引进与使用发挥良好的导向作用，使人才引进的使用部门与单位关注海外高层次人才的质量与效能，并为培养优秀国际人才提供启示与路径。因此，对于海外高层次人才的评价不能囿于强调已有成绩，还应关注发展潜力；不能仅限于测评人才显性特征，还应注重其隐形特质；不能仅评价学历、职称，还应考察素质与能力。

二、海外高层次人才评价指标初选

对人才评价的实践与理论探讨由来已久，但由于社会制度差异、文化传统差异、科技水平差异及社会分工的存在，对不同人才评价的标准也不尽相同。国外学者最早基于心理学研究开发了系列人才评价量表。创造性人才评价的主要方面包括：自觉性和独立性、求知欲和好奇心、知识面、想象力、幽默感、意志品质和工作理性、准确性与严格性等。评价高潜质人才的"X特质"，包括成就动机、学习能力、进取心、机遇感知力等方面。

国内学术界多是基于完善人才评价制度的实践需求对各类人才的评价指标体系进行研究设计。胥效文（2003）以航空科技人才为评价对象，采用模糊综合评价法，主要从基本素质、学术水平和业绩贡献三个方面构建了相应评价模型①。陈琪（1994）根据工作性质将科技人才分为专业型和复合型两类，分别从思想、业务和绩效三方面构建了评价模型②。田起宏等（2010）在其研究中考察分析了创新人才的成长特征及影响因素，并重点构建了包含创新知识、管理能力等六大要素的创新型人才素质冰山模型③。还有少数学者专门研究了国际化人才的评价问题。在分析国际人才素质特征的基础上，构建了国际型人才素质的冰山模型。综上我们可以看出，学者们从不同角度对各类人才的评价指标进行了分析和提炼，普遍关注了人才的内涵特征、素质特征、胜任力特征三大方面。基于此，本书拟从知识结构、道德修养、基本素质、能力状况和业绩等五个方面构建高层次人才评价体系。

---

① 胥效文.航空科技人才评价体系与方法研究［D］.西北工业大学，2003.
② 陈琪.人才成长基本原理——综合效应论［J］.人才开发，1994（4）.
③ 田起宏、韩笑、雷崖邻.创新人才培养理论研究现状及未来研究方向［J］.山东师范大学学报，2010（6）.

（一）基本素质

人才的基本素质主要反映海外高层次人才作为自然人与社会人的特征，是对海外高层次人才最基本的要求，包括身体健康状况、心理健康水平、道德与信用水平等。其中，身体健康状况是人才素质中最重要的部分。虽然高层次人才重要贡献在于其拥有的知识资本和脑力劳动，但是没有充沛的体力和精力，会影响能力的发挥和对事业作出的贡献。因此，身体作为智力的物质载体和基础硬件是人才基本素质中不可或缺的评价项目之一。心理健康水平作为隐性因素，显著影响着人才对待事物的态度与处理方式，从而关系着个人的发展与贡献。心理健康水平是人才评价的前提，一个心理不健康的人可能会对组织甚至社会的发展产生巨大风险。道德与信用水平主要考察海外高层次人才世界观、价值观、人生观以及诚实守信状况。这些方面是社会成员为维护社会稳定、保护各利益团体不受损害的系列行为规范。尤其在当前大力引进海外人才的过程中，曾出现过恶意行骗及损害他人利益的行为，道德与信用水平的考察对海外高层次人才评价来说更具有特殊意义，是国家利益的重要保障，十分有必要将其纳入人才基础性评价标准中。

（二）能力水平

人才层次的高低主要取决于其能力水平的高低，因此对人才进行层次划分或分类时，"能力"是一个重要的评价准则。本书认为高层次人才需要在专业知识技能、学习与应变能力、团队合作与组织能力、管理与决策能力、创新能力、创业能力方面具备较高水准的多种能力。其中，专业知识技能是通过系统学习和专业训练而逐渐累积形成的技术技巧与思维活动能力。海外高层次人才应具备更丰富的知识资源，更加合理的知识结构、更为精湛和前沿的技术技能，能够解决相关领域的专业性问题和技术挑战。学习能力一般是指人们在环境变化的情况下，通过正式学习或非正式学习，更新知识与技能、创新与突破自我、不断发展与随机应变的能力。学习能力是其他能力形成的基础，尤其是在科技飞速发展、社会变革加速的今天，高层次人才必须具有终身学习的意识，具备不断学习突破的动力，拥有快速掌握运用新知识的能力。同时，学习能力还包括海外高层次人才在应对国内国际新形势时，应思维活跃、应变敏捷，抓住稍纵即逝的机会，并随着形势的变化，不断学习，及时调整自己。团队合作与组织能力是一种通过积极参与合作并与组织成员协作努力以达到预定目标的精神和能力。由于个人禀赋差异的客观存在，组织目标的达成离不开团队成员的共同努力与合作。因此，高层次人才需要具备调动和组织团队成员的所有资源和才智，并化解矛盾的能力，将个人能力汇聚成为团队力量。管理与决策能力海外高层次人才参与组织（团队）管理与决策时，提高组织效率和统筹组织战略发展的能力，以及维护组织运营的决策力与执行力。创新能力是产生超常性、富有个性、开拓性、独创性和灵活性的创造性思维，并能将其转化为创新实践活动的能力。海外高层次人才具有海外背景特征，拥有多元文化的熏陶，具备复合型知识结构和国际化资源网络，更有利于创新思维及创意的迸发与实现，对我国"创新型国家"建设应更具推动作用。创业能力是考察海外高层次人才发掘与利用市场机会，并利用内外部资源开展创业活动，取得成功的能力，具体包括创业知识、创业经验、创业热情、创业机会识别、资源整合与利用等方面的能力。而海外高层次人才的创业能力除了对一般能力的要求外，应更加注重全球竞争中识别创业机会的能力，从多国搜寻和组织创业资源的能力，以及把产品和服务向全世界推广的能力。

（三）业绩贡献水平

人才评价应该以业绩贡献为基础和导向，业绩贡献水平是高层次人才明显区别于普通人才的衡量标准。海外高层次人才的贡献水平应主要考察其对推动国际技术发展、推动行业发展及对社会发展、人类进步所做出的贡献。

具体而言，海外高层次人才的贡献水平可由工作成果、工作奖项、影响力等作为评价指标。其中，工作成果主要包括海外高层次人才在国内外核心学术刊物发表的论文、著作等学术成果，申请和获得的发明专利、实用新型与外观设计，创立的企业与组织，为企业或组织创新的理念与模式，为企业或组织创造的收益，为行业制定的新标准，科技成果转化能力及技术惠及面等；工作奖项主要包括海外高层次人才获得的国际公认的各种奖项与称号，我国的友谊奖、自然科学奖、国家技术发明奖、国家科技进步奖等，以及地方颁发的各种奖项与荣誉；影响力主要是指海外高层次人才在其工作岗位上所能发挥的作用和影响，比如，其对所在行业领域产生了如何的推动作用，其发明创造或管理模式创新是否促进社会经济发展或人们生活方式的改变，以及海外高层次人才在国际相关领域中的公认度与美誉度情况等。

（四）国际化水平

国际化是海外高层次人才的典型特征和基本判别标准，主要包括跨文化交流与沟通能力、全球化视野、国际执业能力。其中，跨文化交流与沟通能力是指海外高层次人才应具备较高水平的外语语言能力及应用沟通能力，并对不同文化背景都有所了解，从而能更好地参与国际交流合作，获取国际性知识与技术；全球化视野指的是能够熟悉掌握本专业的国际化知识，熟悉掌握国际惯例，从而在全球化竞争中具有把握机遇和争取主动的能力与水平。这是海外人才通过海外学习或工作而培养建立的内化特质，是我国企业或组织参与国际竞争、开拓海外市场、融通全球资本必不可少的人才要素；国际执业能力是指海外高层次人才应具有双重甚至多重文化背景及多元文化知识，更有利于开展国际业务。因此，海外高层次人才的国际执业能力应重点考察国际专业知识的掌握与应用情况、国际执业资格与经历情况以及思考全球化行动地方化的能力。

第二节　基于直觉乘法偏好关系的最优最劣法（I—BWM）

在海外高层次人才评价指标体系确立后，接下来将对评价的具体方法进行选择并构建模型。在众多方法中，多准则决策（Multi-Criteria Decision Making，MCDM）是决策理论的一个重要分支。由于现实问题的复杂性，以及决策环境的不断变化，单一决策者受自身先验知识、思维方式及偏好喜好等因素的影响，很难做出客观公正的评价与决策。因此，近年来多准则群决策方法（Multi-Criteria Group Decision Making，MCGDM）受到学者关注，并广泛应用于经济分析、战略规划、供应链管理、风险投资等众多领域。多准则群决策可以解决评价过程的两个关键问题：一是确定评价指标权重，每个评价者根据其对评价指标的理解与认知进行重要性评估，然后整合群体评估结果以确定每个评价指标的权重；二是评价备选项，在每个评价标准下对备选项集合中的元素进行评价并排序，以最终选取最优项目或方案。一些学者将员工评价招聘的过程视为一个多准则决策问题，并将其阐释为多种因素的评价与归集口的。由此看来，对于海外高层次人才评价也是一个典型的多准则群决策问题。

一、直觉乘法偏好关系

多准则评价问题中的偏好关系常常是评价人描述其观点的方式，即对多个候选项评价时，人们往往通过从中对任意两个候选项做两两比较来得到评价结果，这比一般的直接打分法更加符合人们的评价习惯；并且，偏好关系的判断受限制因素的影响较小，能有效地将决策问题用数学的语言描述出来，从而受到了各个领域的学者广泛追捧。学术界已经对各种不同的偏好关系展开研究，但总体上一般将其分为两类：一类是0～1量级的模糊偏好关系，即其表示比较关系的数字是0和1之间的满足加和互补性的数字；另一类是基于1/9～9量级的乘法偏好关系，即表示比较关系的数字是1/9～9之间满足乘法互补性的数字。最初模糊偏好关系和乘法偏好关系，都是用单独的数字来给出决策矩阵的各个元素（即比较结果）的。

著名的层次分析法（Analytic Hierarchy Process，AHP）便是基于偏好关系进行评价决策的，是人才评价的常用方法工具。但是，传统的层次分析法是1～9级量化分析，是建立在完全信息的前提下，利用精确数值表示评价者的评价结果，而受到评价者固有的主观性限制，以及客观环境复杂性的影响，使评价指标及备选项信息无法成为精确值，不可避免地具有模糊性和不确定性特征。因此，在人力资源管理与评价问题中采用单纯AHP方法存在诸多不足。一方面，运用如AHP的传统评价方法，其评价信息都以确切数值来表达，这不能充分反映评价者作为不完全理性人在对人才评价过程中客观存在的犹豫性与评价判断的模糊性；另一方面，AHP方法中对于评价指标（标准）权重的确定多采用主观赋权法，这样便会受到评价者自身经验、个人偏好等主观因素的影响，进而影响人才评价结果的科学性与客观性。因此，众多学者研究将区间数或模糊数代替精确数值应用于偏好关系中，以保证对评价信息描述的客观性和准确性。区间模糊偏好关系和区间乘法偏好关系将描述比较关系的精确数字改进为用一个区间来描述，正如同区间模糊集中的元素一样。学者们也深入研究了这两类评价矩阵的元素之间的关系以及矩阵本身具有的各种性质。

二、最优最劣法（Best-Worst Method，BWM）

最优最劣法的具体做法是：在n个候选项中首先选取出最优的记为x_{Best}、最劣的记为x_{Worst}，然后从$\{1, 2, \cdots, 9\}$中，选择合适的数值表示x_{Best}较其余的$n-2$项优的程度、其余的$n-2$项x_{Worst}优的程度，以及x_{Best}较x_{Worst}优的程度，这样共计2（$n-2$）+1次，即$2n-3$次。举例说明，假设有8个候选项需要评价，对其进行两两比较则需要比较8×（8-1）/2=28（次），然而用最优最差法则只需要2×（8-2）+1=13（次），该方法相较于传统的基于两两比较的方法的最大的优势在于其可以将比较的次数从n（$n-1$）/2降到$2n-3$次。由此可见，BWM方法符合人们的评价习惯，大大降低了比较的次数，实际上也在一定程度上降低了比较误差出现的几率，使其更适用于评价标准或者备选方案相对较多的情况。

三、I—BWM 与问题描述

由于在运用最优最劣法比较过程中往往很难用一个确切的数据来表达某两个候选者的优劣程度，因此，本书将采用Improved Best-Worst Method（I—BWM）拓展人才评价方法研究领域，即将海外高层次人才评价问题置于直觉偏好关系的环境里讨论BWM的应用。同时，考虑到评价中无法避免的心理偏差，即比较角度不同时导致的偏好关系表达产生差异，因此在对海外高层次人才的具体评价中将偏好关系表达分为基于优于关系的比较与基于不优于关系的比较。

结合偏好关系的比较思路和最优最劣法的比较逻辑，本书研究I—BWM方法的具体运用描述如下：假设有n个待评价项x_i（1，2，…，n）组成一个被评价项集合，记作$X=\{x_1，x_2，…，x_n\}$，每个评价者根据各自的观点及判断，首先选择出其认为的最优（最重要）项与最劣（最不重要）项，分别记为x_{Best}和x_{Worst}。每一个评价者则只需要给出x_{Best}较剩下的$n-2$个项目的优于（重要）的程度，记为$x_{Bj}=（\rho_{xBj}，\sigma_{xBj}）$；该$n-2$个被评价项目较$x_{Worst}$优于（重要）的程度，记为$x_{iW}=（\rho_{xiW}，\sigma_{xiW}）$；以及$x_{Best}$较$x_{Worst}$优于（重要）的程度$x_{BW}=（\rho_{xBW}，\sigma_{xBW}）$，共计$2n-3$次比较。进一步将$x_{Bj}=（\rho_{xBj}，\sigma_{xBj}）$，$j\in\{1，2，…，n\}$，组成评价向量$S_B^i=（x_{B1}，x_{B2}，…，x_{Bn}）$，称之为基于最优项比较向量，将$x_{iW}=(\rho_{xiW}, \sigma_{xiW})$，$i\in\{1, 2, \cdots, n\}$，组成评价向量 $S_w^l=(x_{1W}, x_{2W}, \cdots, x_{nW})$，称之为基于最劣项比较向量。对于每一个比较的结果$x_{ij}=(\rho_{xij}, \sigma_{xij})$，满足$\rho_{xij}=\sigma_{xji}$，$\rho_{xji}=\sigma_{xij}$，$\rho_{xii}=\sigma_{xii}=1$，$0<\rho_{xij}\,\sigma_{xij}\leqslant1$，$1/9\leqslant\rho_{xij}$，$\sigma_{xij}\leqslant9$其中，$1\leqslant\rho_{xij}\leqslant9$表示优于关系，$1/9\leqslant\sigma_{xij}\leqslant1$表示不优于关系，当$\rho_{xij}\,\sigma_{xij}=1$时表示评价信息完全确定，不存在犹豫度；当$0<\rho_{xij}\,\sigma_{xij}<1$时，则表示评价者对评价结果不是非常确定，即存在犹豫度，记为$\tau_{xij}=1/\rho_{xij}\,\sigma_{xij}$，即$\tau_{xij}\rho_{xij}\sigma_{xij}=1$，$\tau_{xij}$表示比较项目$x_i$优于$x_j$的模糊程度，满足$\tau_{xij}\in[1, 81]$。举例说明，最优项$x_{Best}$较其余的某一个被评价项$x_k$，肯定是优于关系，假设$x_{Best}$与$x_k$的比较关系为（6，1/7），其中6表示最优项$x_{Best}$优于$x_k$的程度是6倍关系，$x_{Best}$不优于$x_k$的程度是1/7，而$6\times1/7=6/7$，该值小于1，说明存在取值为7/6的犹豫度，即评价者认为最优项x_{Best}优于x_k与x_k比x_{Best}差的程度不一致。在模糊偏好关系理论体系里，称该类表示结果为直觉乘法数，这样既表达了评价者对两个被评价项进行比较的优于关系的评价结果，又表达了评价者对于不优于关系的评价结果，使评价结果的表达更加接近人们在实际评价过程中的心理活动。本书研究将基于这一改进后的评价方法，对海外高层次人才评价指标进行评价与赋权，并根据加权后的评价指标对待评价海外高层次人才进行评价与排序。

第三节　基于I—BWM的
海外高层次人才评价模型

随着现实问题的逐渐复杂，在对特定问题做出相关评价及决策时，往往会根据多个指标进行评价。评价专家在参与海外高层次人才评价的过程中，同样需要其在不同的评价指标下，给出能够反映自身观点的评价结果。评价中判断矩阵是各指标下各被评价项之间进行两两比较相对重要性而得来的。

那么，一方面由于客观世界的复杂性和人们认识问题的多样性，另一方面是由于n个元素两两比较时常存在评判结果大相径庭。因此，基于比较关系的多准则决策方法，如本书研究使用的BWM方法，有一个非常重要的考察评价专家评价结果可靠性概念，在学术上称之为"一致性"。也就是说，如果评价者认为A比B优，B比C优，我们则可以明确推断出A比C优；并且考虑优于关系程度的时候，需要满足定量关系式。本书也将考虑基于最优项比较和基于最劣项比较的一致性考察方法。

一、评价模型的一致性和权重考察

本书讨论了基于乘法偏好关系的决策矩阵的一致性问题，指出对决策矩阵中的任意三个比较结果x_{ij}，x_{ik}，x_{kj}，若满足$x_{ik}x_{kj}=x_{ij}$，即（ρ_{xik}，σ_{xik}）（ρ_{xkj}，σ_{xkj}）=（$\rho_{xik}\rho_{xkj}$，$\sigma_{xik}\sigma_{xkj}$）=（ρ_{xij}，σ_{xij}），则称该决策矩阵满足一致性。根据其研究中的定义，本书研究考虑基于最优项比较与基于最劣项比较的一致性考察方法如下：由m个评价指标构成的集合C={c_1，c_2，…，c_m}，其评价指标对应的权重向量为W=（w_1，w_2，…，w_m），满足$\sum_{i=1}^{m}w_i=1$，$w_i\geqslant0$，$l\in\{1$，2，…，$m\}$。在直觉乘法偏好关系下，若基于最优项比较向量S_B^l=（c_{B1}，C_{B2}，…，C_{Bm}）中的元素C_{Bj}=（ρ_{CBj}，σ_{CBj}）、基于最劣项比较向量S_W^l=（c_{1W}，C_{2W}，…，C_{mW}）中的元素C_{iW}=（ρ_{Ciw}，σ_{Ciw}），i，$j\in\{1$，2，…，$m\}$，满足下式$C_{Bk}C_{kW}=C_{BW}$，即（ρ_{CBk}，σ_{CBk}）（ρ_{Ckw}，σ_{CkW}）=（$\rho_{CBk}\rho_{CkW}$，$\sigma_{CBk}\sigma_{CkW}$）=（ρ_{CBW}，σ_{CBW}），其中$\rho_{CBk}=w_B/w_k$，$\sigma_{CBk}=w_k/w_B$，$\rho_{Ckw}=w_k/w_W$，$\sigma_{Ckw}=w_W/w_k$则称基于最优项比较向量、基于最劣项比较向量满足标准一致性。由$c_{Bk}c_{kW}=c_{BW}$可得（w_B/w_k）（w_k/w_W）=w_B/w_W为标准一致的条件。当评价结果不满足标准一致性时，则出现误差α和β：（$\rho_{CBk}-\alpha$）（$\rho_{CkW}-\alpha$）=$\rho_{CBW}+\alpha$，（$\sigma_{CBk}-\beta$）（$\sigma_{CkW}-\beta$）=$\sigma_{CBW}+\beta$；考虑一致性最差的情况，有（$\rho_{CBW}-\alpha^*$）（$\rho_{CBW}-\alpha^*$）=$\rho_{CBW}+\alpha^*$，（$\sigma_{CBW}-\beta^*$）（$\sigma_{CBW}-\beta^*$）=$\sigma_{CBW}+\beta^*$。将这两个式子重新整理可得：

$\alpha^{*2} - (2\rho_{cBW}+1) \alpha^* + (\rho^2_{cBW} - \rho_{cBW}) = 0$，$\beta^{*2} - (2\sigma_{cBW}+1) \beta^* + (\sigma^2_{cBW} - \sigma_{cBW}) = 0$。已知$\rho_{cBW} \in \{1, 2, \cdots, 9\}$，$\sigma_{cBW} \in \{1, 1/2, \cdots, 1/9\}$。

二、海外高层次人才评价流程

通过组织人才评价领域专家对海外高层次人才能力素质信息的分析与判断，设计评价流程保障过程与结果的科学性与合理性。

步骤1：归集待评价或甄选的海外高层次人才，形成被评价项集合$X = \{x_1, x_2, \cdots, x_n\}$，并收集能够说明其能力素质的相关资料。

步骤2：成立海外高层次人才评价小组，组织海外人才引进工作部门人员、人力资源管理专家、猎头机构业务经理等形成评价者集合$E \in \{e_1, e_2, \cdots, e_t\}$。

步骤3：根据海外高层次人才评价指标体系（14个二级指标），设立评价指标集$C \in \{c_1, c_2, \cdots, c_l\}$，$l \in \{1, 2, \cdots, 14\}$，并根据该评价指标体系筛选评价信息。

步骤4：评价小组对评价指标集$C \in \{c_1, c_2, \cdots, c_l\}$，$l \in \{1, 2, \cdots, 14\}$，按照I—BWM方法要求，给出每个评价指标的基于最优项比较向量$S£$和基于最劣项比较向量环，可得到其对应的初始评价矩阵$D(S_B) = [(S^l_B)^T]_{14x_t}$和$D(S_W) = [(S^l_w)^T]_{14x_t}$。

步骤5：依据I—BWM方法的一致性判断，计算确定评价指标权重。根据优化模型M_1和模型M_2求解每个评价指标的基于最优项比较的权重向量（w^l_B），和基于最劣项比较的权重向量（w^l_W），$l \in \{1, 2, \cdots, 14\}$。

步骤6：确定评价小组中每位评价者的权重。基于给出的优化模型M_1和模型M_2可得每个评价者基于最优项比较的一致性指数$CR^l_a = \frac{\alpha^*}{CI(\rho_{x_{BW}})}$、基于最劣项比较的一致性指数$CR^l_\beta = \frac{\beta^*}{CI(\sigma_{x_{BW}})}$，并引入调节参数$a$和$b$（$0 \leq a \leq 1$，$0 \leq b \leq 1$），且满足关系a + b=1。将$CR_a$和$CR_\beta$加权可得评价

者的综合一致性指数，从而得到海外高层次人才评价小组中每位评价者的权重 $w(e_t) = \frac{1/S_t}{\sum_{t=1}^{3} S_t}$，$S_t = e_t / \min\{e_t \mid t = 1, 2, 3\}$。

步骤7：通过评价者权重的加权以及调节参数引入，确定评价指标的最终权重。将步骤6得出的评价者权重 $w(e_t)$ 与步骤5中的指标权重进行加权综合，并可根据判断倾向引入调节参数 c 和 d（$c + d = 1$ 且 $0 \leq c \leq 1$、$0 \leq d \leq 1$），综合考虑（w_B^l）和（w_w^l）分别所占的权重，得到最终评价标准的权重 $w^l = c \times w_B^l + d \times w_w^l$，$l \in \{1, 2, \cdots, 14\}$。

步骤8：每个评价者根据确定的海外高层次人才评价指标体系对待评价的海外高层次人才继续运用I—BWM方法进行评价，思路同上，形成对海外高层次人才评价与排序的最终结果。

步骤9：结束。

第四节　海外高层次人才与岗位匹配模型与机制设计

一、海外高层次人才与岗位匹配的含义及特征

人岗匹配是人力资源有效配置管理的重点，是海外高层次人才聚集和流动的主要影响因素之一，也是充分发挥海外高层次人才引进效能的实现途径。由于海外高层次人才引进对象与过程的特殊性，其人岗匹配也与狭义的人岗匹配存在一定差异。

（一）海外高层次人才与岗位匹配的含义

学术界普遍认同，人员与组织及岗位的匹配就是组织中人员特征与组织特征之间的相容性，但是对相容性的具体解释却不一而论。第一种观点

认为，相容性作为人岗匹配的重点考察方面指的是组织或岗位工作要求与个人能力的契合，即"要求—能力"观；第二种观点认为，人岗匹配是由于某种相似性而互相吸引，如人员和组织价值观的高度契合，即"相似—致"观；第三种观点则认为，人员会选择与其目标相似或能助其达到个人目标的组织，即"需要—供给"观。三种观点从不同角度对人岗匹配的内涵进行了阐释。

基于现有观点，本书中的海外高层次人才引进与岗位匹配是指人员与岗位一致性程度与互补性程度的综合。这包含四层含义：一是海外高层次人才性格特质、价值观、个人目标、人生态度应与人才需求单位的文化、价值、目标一致；二是海外高层次人才的知识水平、技术技能、能力特征能够满足人才需求单位及岗位的工作任务与发展要求；三是人才需求单位及岗位应满足海外高层人才的需要、愿望与偏好；四是双方在进行匹配决策的核心是"恰好"，即"最优"或"匹配"。这样才能够将合适的人才引进至适合的单位及岗位上，为人才需求单位及岗位引进相适合的海外高层次人才，以同时实现"人尽其才"与"岗得其人"，从而促进个人与组织的共同发展。

（二）海外高层次人才与岗位匹配的特征

1. 海外高层次人才与岗位匹配是存在中介的双边匹配

海外高层次人才与岗位匹配是双方互相评价与选择的过程，并不由一方的意志为转移。最理想的人岗匹配关系是，一个人才需求单位及岗位选择了某个海外高层次人才为最佳引进对象，同时该海外高层次人才也选择了该单位及岗位。另外，由于海外高层次人才国际性、高端性、稀缺性的属性特征，决定了其不会主动参与人才流动，这就需要中介机构发挥桥梁作用。目前，我国海外高层次人才的引进主要依赖于政府行为与市场行为两种渠道，分别通过政府海外人才工作部门与国际猎头机构作为海外人才资源与需求的对接平台。因此，海外高层次人才的人岗匹配不同于一般意义的人岗匹配，其还是一种包含中介作用的双边匹配。

2.海外高层次人才与岗位匹配的满意度最大化要求

在海外高层次人才与岗位的匹配过程中，可以从海外高层次人才与人才需求单位及岗位的满意度状况进行状态分析。根据海外高层次人才与人才需求单位及岗位的满意程度不同，可将匹配状态分为四种情况：人才需求单位及岗位满意度较高，海外高层次人才满意度较低；人才需求单位及岗位满意度较低，海外高层次人才满意度较高；海外高层次人才与人才需求单位及岗位满意度都较低；海外高层次人才与人才需求单位及岗位满意度都较高。

当然，人岗匹配的目的是为了使匹配双方的满意程度最高。但在实际的匹配过程中，这是一个多准则问题的归集，并且海外高层次人才人岗匹配双方往往不是单一主体，而是形成两个对象集合。在这种情况下，提高海外人才引进的整体效能，不能以某个主体的满意度为目的，应是基于个体满意度评价的整体满意度最大化。

二、海外高层次人才与岗位匹配方法与问题描述

双边匹配的概念，并将其最早应用于婚姻市场中，旨在根据男女双方偏好，使其尽可能找到最佳配偶。随着双边匹配理论与算法的不断发展与演化，经济管理领域的诸多问题也逐渐采用双边匹配方法来进行决策，如知识服务供需匹配问题、电子中介中的交易问题，以及风险投资双边匹配问题等。此外，很多学者认为人岗匹配是非常典型的双边匹配决策过程。现实中人员信息的复杂性直接导致了人岗匹配问题复杂性，因此单方面考虑人员对岗位的适用程度已不能满足实际需求。

为了给现实中存在的人岗匹配问题提供一套可供参考的方法工具，部

分学者将人岗匹配问题转化为考虑双方主体的双边匹配问题，拓展了人才管理的方法理论体系。然而我们发现，针对海外高层次人才这一类特殊人员的人岗匹配机制设计研究尚且空白。而且，不论是在对主体满意度的描述工具的使用上，还是匹配模型的构建上，现有的匹配处理方法都难以达到理想效果。为此，本书将基于现有研究基础，提出更为科学适用的匹配方法。

（一）人才与岗位的匹配方法选择

关于具体匹配方法的选择上，基于序值信息的双边匹配方法的应用已较为广泛。学者在研究基于双边匹配的人岗适配性问题时，发现现有对于人岗适配性的考察多是人员对岗位的胜任情况，而忽略了人员期望的满足程度，因此开始考虑基于满意度条件下的匹配问题，将人岗适配性问题转化为计算匹配双方的满意度，并针对双边匹配问题提出了基于满意度的一种两阶段决策分析等方法。然而多数研究中定义满意度函数依据的得分值通常选取集合为 $1 \sim 7$ 级或 $1 \sim 10$ 级满意度集合，这并不能较好应对决策者经验或者信息不足等复杂情况。特别是海外高层次人才与组织或岗位间的相互评价，双方评价者的非完全理性以及先验知识不足导致其评判结果客观性降低；并且，与传统决策者的技术指标或物理指标相比，满意度评价更注重评价主体自身感知，这种感知更容易出现模糊不确定的情况，仅采用得分值不足以客观描述匹配双方的满意度状况。因此，本书将区间直觉模糊集理论引入基于满意度的双边匹配问题，以更贴合现实决策情境。

（二）海外高层次人才与岗位双边匹配问题描述

本书将待聘海外高层次人才主体设为 $A=\{A_1, A_2, \cdots, A_m\}$，其中 A_i 表示海外高层次人才的第 i 个匹配主体；人才需求方主体设为 $B=\{B_1, B_2, \cdots, B_n\}$，其中 B_j 表示人才需求方的第 j 个匹配主体，并且设 $M=\{1, 2, \cdots,$

$m\}$，$N=\{1,\ 2,\ \cdots,\ n\}$，$i\in M$，$j\in N$，$m\leqslant n$。同时，标记海外高层次人才主体对于人才需求方的评价指标集为$U=\{u_1,\ u_2,\ \cdots,\ u_p\}$，对应的权重向量为$w_u=\{w_1,\ w_2,\ \cdots,\ w_p\}$；人才需求主体对于海外高层次人才的评价指标集为$V=\{v_1,\ v_2,\ \cdots,\ v_q\}$，对应的权重向量为$w_V=\{w_1,\ w_2,\ \cdots,\ w_q\}$，则海外高层次人才主体$A_i$对于人才需求方主体$B_j$关于评价准则$u_f$的满意度矩阵可记为$R_i=(r_{ij}^f)_{n\times p}$，$f\in p$，$p=\{1,\ 2,\ \cdots,\ p\}$，其中$r_{ij}^f$为海外高层次人才主体$A_i$给出的对于人才需求方主体$B_j$考虑评价准则$u_f$的满意度；人才需求方主体$B_j$对于海外高层次人才主体$A_i$关于评价准则$v_g$的满意度矩阵记为$T_j=(t_i^g)_{m\times i}$，$g\in Q$，$Q=\{1,\ 2,\ \cdots,\ q\}$，其中$t_{ij}^g$为人才需求方主体$B_j$给出的对于海外高层次主体$A_i$考虑评价准则$v_g$的满意度。此外，考虑到现实中客观事物的复杂性和满意度评价的主观性，待聘海外高层次人才主体与招聘单位主体在各个评价指标下，对匹配对象的评价往往会以模糊不确定的信息呈现，因此本书中双方给出对方主体的满意度r_{ij}^f与t_{ij}^g均为区间直觉模糊数。

三、海外高层次人才与岗位匹配决策模型构建

为体现海外高层次人才与岗位匹配决策问题中客观存在的评价犹豫度，本书引入模糊理论中的区间模糊集概念，通过使用包含犹豫信息的区间直觉模糊数来表示决策主体在对备选方案做出评价时的复杂心理过程。由于区间直觉模糊数难以直接比较，徐泽水院士首先提出了得分函数和精确函数的概念，通过将区间直觉模糊数转化为包含模糊信息的实数以实现可比性。随后，一些学者针对得分函数进行了深入研究，对于任意两个区间直觉模糊数，单纯考虑得分函数和精确函数并不保证准确的比较结果，并提出描述区间直觉模糊数犹豫度的两个函数，并且综合得分函数和精确函数给出比较任意两个区间直觉模糊数的定理。目前已有部分学者将区间直觉模糊集概念引入匹配理论中，将区间直觉模糊集引入匹配双方的评价，但是并未对区间直

觉模糊数进行进一步的集成，且仅从线性组合的角度出发构建优化模型。继而，王中兴教授等通过算例证明单纯考虑线性优化是不全面的，因此，本书将以海外高层次人才与人才需求主体相互给出的满意度矩阵为基础，通过加权整合区间直觉模糊数的四类比较函数，并考虑每个主体的权重，得到综合加权满意度函数，进而在考虑双方主体的互补性和一致性的前提下，构建以整体满意度最大为目标的优化模型，以求得海外高层次人才与岗位的最优匹配方案。

（一）基本概念

1. 双边匹配的定义

"匹配"的数学定义源于一一映射，集合A中所有的元素可以与集合B中的元素通过这个映射一一对应，集合B中的被映射到的部分元素也可以通过这个映射与A中所有的元素对应，则称集合A与集合B是双边匹配的。

2. 区间直觉模糊集的相关定义

把区间［0，1］的所有封闭子区间组成一个集合，用D［0，1］表示，即类似区间［0，0.2］、［0.25，0.3］等封闭的子区间组成的集合。集合D［0，1］中的元素$[\mu_A^-, \mu_A^+]$和$[v_A^-, v_A^+]$如果满足$0 \leqslant \mu_A^+ + v_A^+ \leqslant 1$，则可以称切$\langle [\mu_A^-, \mu_A^+], [v_A^-, v_A^+] \rangle$为区间直觉模糊数，这些区间直觉模糊数会组成一个集合$A = \{\langle [\mu_A^-, \mu_A^+], [v_A^-, v_A^+] \rangle\}$，将这个集合命名为区间直觉模糊集。在不引起混淆的前提下可以将区间直觉模糊数简记为$\alpha = \langle [\mu^-, \mu^+], [v^-, v^+] \rangle$。

对于区间直觉模糊数$\alpha = \langle [\mu^-, \mu^+], [v^-, v^+] \rangle$的得分函数$S(\alpha) = (\mu^- + \mu^+ - v^- - v^+)/2$和精确函数$H(\alpha) = (\mu^- + \mu^+ - v^- - v^+)/2$的定义，并指出依次利用这两个函数，可以对不同的区间直觉模糊数进行比较。但是之后的研究中指出，面对一些特殊的区间直觉模糊数时，得分函数和精确函数会出现失灵的状况，即对不同的区间直觉模糊数，却计算出相同的得分函数甚至是相同的精确函数。因此，他们通过定理说明了利用得分函数、精确函数、隶属不确定指数、犹豫不确定指数以对任意两个不同区间直觉模糊数进行区分；并且，基于研究中给出的不确定指数的概念，可以进一步得到适用于本书的隶属不确定指数$T(\alpha)=(\mu^++v^--\mu^--v^+)/2$和犹豫不确定指数$G(\alpha)=(\mu^++v^+-\mu^--v^-)/2$的定义，从而对于任意两个区间直觉犹豫模糊数$\alpha=\langle[\mu_1^-,\mu_1^+],[v_1^-,v_1^+]\rangle$和$\beta=\langle[\mu_2^-,\mu_2^+],[v_2^-,v_2^+]\rangle$。

对于任意两个直觉模糊数$\alpha=\langle[\mu_1^-,\mu_1^+],[v_1^-,v_1^+]\rangle$和$\beta=\langle[\mu_2^-,\mu_2^+],[v_2^-,v_2^+]\rangle$，当且仅当任意两个区间直觉模糊数的得分函数S、精确函数H、隶属不确定指数T和犹豫不确定指数G都相等时，这两个区间直觉模糊数才相等。具体的比较方法如下：

如果$S(\alpha)<S(\beta)$，则有$\alpha<\beta$，表示区间直觉模糊数α小于β。

如果$S(\alpha)<S(\beta)$，则有$\alpha>\beta$，表示区间直觉模糊数α大于β。

如果$S(\alpha)<S(\beta)$，若$H(\alpha)<H(\beta)$，有$\alpha<\beta$们表示区间直觉模糊数α小于β；若$H(\alpha)<H(\beta)$，有$\alpha>\beta$，表示区间直觉模糊数α大于β；若$H(\alpha)=H(\beta)$：

当$T(\alpha)>T(\beta)$时，有$\alpha<\beta$，表示区间直觉模糊数α小于β；

当$T(\alpha)>T(\beta)$时，有$\alpha>\beta$，表示区间直觉模糊数α大于β；

当$T(\alpha)>T(\beta)$时，$G(\alpha)>G(\beta)$，有$\alpha<\beta$，表示区间直觉模糊数α小于β；$G(\alpha)<G(\beta)$，有$\alpha>\beta$，表示区间直觉模糊数α大于β；$G(\alpha)=G(\beta)$，有$\alpha=\beta$，则α与β等价。

（二）模型构建

本书重点解决基于满意度评价的双边匹配问题，用区间直觉模糊数表示海外高层次人才与人才需求主体双方互相评价结果r_{ij}^l和t_{ij}^k。考虑在比较任意两个区间直觉模糊数时，综合得分函数、精确函数、隶属不确定指数和犹豫不确定指数四个比较函数的含义，本书研究给出的函数加权满意度定义如下：

$$d_{ij}^f = w_1 S(r_{ij}^f) + w_2 H(r_{ij}^f) + w_3[-T(r_{ij}^f)] + w_4[-G(r_{ij}^f)]$$

$$e_{ij}^g = w_1 S(t_{ij}^E) + w_2 H(t_{ij}^E) + w_3[-T(t_{ij}^E)] + w_4[-G(t_{ij}^g)]$$

按照比较函数的重要性程度，这里设（w_1，w_2，w_3，w_4）=（0.4，0.3，0.2，0.1），标记海外高层次人才主体对于人才需求主体的函数加权满意度矩阵为 A（B）=（d_{ij}）$_{n \times m}$，其中，$d_{ij} = \sum_{f=1}^{4} w_f r_{ij}^f$ 表示海外高层次人才A_i给出的对于人才需求方B_j的函数加权满意度，$i \in M$，$j \in N$；人才需求主体给出的对于海外高层次人才集合的函数加权满意度矩阵为 B（A）=（e_{ij}）$_{m \times n}$，其中，$e_{ij} = \sum_{g=1}^{4} w_g t_{ij}^g$ 表示人才需求方B_j给出的对于海外高层次人才A_i的函数加权满意度，$i \in M$，$j \in N$。

进一步地，考虑待聘人才与招聘主体双方每一个主体对各自一方的满意度的影响，标记海外高层次人才主体对人才需求主体的主体加权满意度为 $Z(A) = \sum_{i=1}^{m} w_{Ai} \sum_{j=1}^{n} (d_{ij})_{n \times m}$，其中，$w_{Ai}$表示待聘海外高层次人才每一个主体$A_i$（$i \in M$）所占据的权重；人才需求主体对海外高层次人才主体的加权满意度为 $Z(B) = \sum_{j=1}^{n} w B_j \sum_{i=1}^{m} (e_{ij})_{m \times n}$，其中$w_{Bj}$表示人才需求方每一个主体$B_j$（$j \in N$）所占据的权重，本书研究中$w_{Ai}$和$w_{Bj}$通常由政府引才部门或国际猎头机构根据实际决策倾向情况给出。

四、海外高层次人才与岗位匹配机制设计

本书对海外高层次人才人岗匹配机制的设计重点考虑参与主体利益、决策过程的互动与调整，以及人力资源配置效率最大化等方面的因素，主要构建评价标准征询机制、评价标准规范机制、人岗主体互评机制、人岗匹配促成机制。

（一）评价标准征询机制

首先，应明确海外高层次人才主体与人才需求方主体在选择匹配方时各

自的关注点。这就要求匹配双方对自身的需求和特点有足够的认知，即海外高层次人才对自己所具有的能力水平、需求与偏好及岗位的预期等有相当的认识；人才需求单位必须清晰认识其企业文化、组织目标、岗位需求、工作模式与特点等，为其找到最佳人选提供标准和依据。其次，对于海外高层次人才的引进与聘用，信息的交互沟通尤为重要，政府引才部门或国际猎头机构作为海外高层次人才资源的对接平台具有交叉特征，是连接相应人力资源供求的重要枢纽。在确定双方互评指标的时候必须充分考虑各种可评价的因素，寻找能普遍反映海外高层次人才各方面能力水平与人才需求方承接状况且有代表性的指标。所以，应在汇集人力资源与岗位资源的基础上，建立人岗匹配双方互评标准征询机制，通过发放调查表、个人访谈和专家座谈等方式，全面收集双方拟对于彼此进行评价时重点考察的评价标准。

（二）评价标准规范机制

构建规范化的评价指标体系是科学评价海外高层次人才与人才需求主体的必要条件，目的是能作为评价过程中的有效标准和依据。在选取评价标准时，一要客观反映人才与招聘单位双方的需求状况，即具有针对性；二要保证根据评价标准收集的数据能用科学的方法来处理，即具有可操作性；三要保证指标体系具有内在结构的有机整体，即具有系统性。因此，引才中介机构需要对所收集的评价标准进行规范化处理，对评价标准加以归纳整合，分别构建对于海外高层次人才与人才需求单位双方互评的评价标准体系。

（三）人岗主体互评机制

海外高层次人才与岗位之间的互选过程显然可以转化为一个双边匹配过程，它既需要考虑人才对岗位选择的倾向，也需要考虑岗位对人才的偏好。其中的关键因素是双方主体能够通过有效的需求信息反映其自身主张。因此，在匹配决策过程中需要充分考虑双方匹配主体的满意度要求，建立双方主体互评机制：一是人岗匹配双方依据自身偏好赋予评价标准权重；二是海外高层次人才与人才需求单位双方均对备选对象的特点、需求等相关属性有客观了解，并对对方每一个主体按照评价标准进行满意度评价，然后将评价结果反馈给政府引才部门或者国际猎头机构等海外高层次人才引进中介机构。

（四）人岗匹配促成机制

在海外高层次人才与人才需求单位做出互相评价后，政府引才部门或者猎头机构等海外高层次人才引进中介机构应发挥其客观判断与专业匹配职能，根据双方主体评价结果采用居于满意度最大化的双边匹配法进行科学决策，将匹配程度较高的海外高层次人才与人才需求单位以推荐的方式分别发送给双方。同时，为海外高层次人才和人才需求单位提供相应的咨询服务支持，提供更完善的匹配信息，以帮助双方提高匹配效率。

第八章 海外高层次人才引进优化的政策建议

第一节 引进海外人才政策创新趋势与特点

随着全球人才争夺战的持续升级，各国引进高层次人才的政策创新力度不断加大，力图通过更加积极、更加有效、更加开放、更加系统的政策来吸引人才，营造人才集聚的国家区域系统。从国际经验来看，在引进国外智力的具体措施上，发达国家通过畅通的人才流动机制、极富吸引力的薪资报酬、一流的科研和教育条件、优良的生活环境以及低税赋等，有效吸引集聚了一大批全球优秀人才。虽然各国海外引才政策创新做法不尽相同，但也呈现出一定的规律和趋势。

一、法治化趋势加强，政策创新更加强调法律边界

在人才全球化流动的时代，建立一个具有透明规则和稳定预期的法治环境比短期优惠更具吸引力，在法治的框架内进行引才政策创新已经成为趋势。

政策创新绝不是打政策的"擦边球"，更不是为政策"破窗"，在依法治国的总体要求下，必须强调政策创新的法律边界。在我国，从20世纪90年代开始，面对日趋白热化的人才竞争，全国各地竞相出台了各种优惠政策，

通过给票子、给房子、拼待遇、比奖励等来吸引人才，一些做法并不是规范意义上的创新，更多的是一种"例外"和"倾斜"。这些优惠政策往往具有较强的领导意志和主观色彩，将人才吸引过来后，一些承诺常常因各种因素的影响而难以实现，造成了人才引进政策"不可信承诺"现象，影响引才工作的可持续性。

从引进人才的长效管理和激励角度看，由短期优惠向制度法治的转型已经迫在眉睫。尽管先行许诺巨额奖金、免费住房等可以彰显地方政府的人才重视程度，但可能增加后续的管理、考核、激励问题，而一旦这些承诺难以兑现，就会严重损害政府的诚信形象。因此，某种意义上最好的人才环境是法治环境，用法律的方式来吸引人才。目前，我国已有一些地方开始推动引才政策的法治化工作，用法律制度保障人才工作。

二、大人才观凸显，引才政策创新内容从一维走向多维

"独木不成林"，人才迸发创新活力，不仅需要自身技能，也需要项目、资金、政策等诸多要素的对接。当前引才政策创新的另一突出趋势是从过去单纯围绕人才谈人才的一维政策创新，转向以人才政策为核心，同时关注科技、教育、外交、经贸多维度的政策协同创新。在西方发达国家，引进人才除了移民相关的政策改革和创新之外，更很重要的是通过科技、教育、研发等领域的政策创新推动。

当前，我国面临进一步提升对外开放水平、实施创新驱动发展的战略需要，迫切需要从大人才观的角度对引才政策创新进行系统性提升，把政策创新的内容从过去单一的人才转向关注全方位的创新要素，通过科技、教育、经贸、文化等领域的政策协同创新，营造更有利于吸引海外人才，更有利于人才施展才能的创新创业环境。近年来，一些地方已经开始将人才引进与创新要素对接起来。各省市都在积极探索人才、资本、技术等创新要素融合对

接的方式，激发海外人才来我国创新创业的热情与活力。

　　一个国家的对外开放，必须首先推进人的对外开放，特别是人才的对外开放。扩大对外开放，提升对外开放的水平，迫切需要打开人才"门禁"。在全球创新要素加剧流动的形势下，人才的对外开放并不局限于单纯的人才交流互动，经济合作、科技合作越来越成为人才对外开放的重要渠道和载体。未来，我们要把引才政策创新从过去单一的人才政策创新转向全方位的创新要素引进政策创新上来，从人才、科技、教育、经贸、外交等多领域共同开展政策创新，提高各种创新要素的开放度，重点引导跨国公司迁入其全球或区域研发中心，鼓励国内企业通过并购获得境外技术、专利、品牌和其他知识产权，积极参与或牵头开展国际性重大科学工程项目。

三、引才政策创新重心后移，人才融入成为创新要点

　　当前，越来越多的地方开始走出国门招纳贤才，从"守株待兔"到"主动出击"，反映我们的引才政策创新正朝着更加积极、更加主动的方向发展。但是，如何使引进来的人"待得住"却越来越成为困扰各级政府以及各用人单位的重要挑战。一些地方热衷于短期引才、项目引才，引才往往局限于个别科技项目或研发攻关，使得人才成为了"短期候鸟"，难以长期扎根下来。

　　对于我国而言，要让人才从短期"候鸟"到长期扎根于我国，必须着力在制度创新上下功夫。引进只是第一步，更关键的是以良好的制度环境为人才施展才华提供宽广的舞台，既要针对特殊高端人才量身定做"特惠"措施，更要为人人皆可成才、人人尽展其才提供"普惠"的制度环境。为了推动人才的长期扎根，各地纷纷出台相应措施，着力优化人才的工作和生活环境。目前，已经有不少地方展开了尝试：一方面是加强公共服务，健全人才公共服务体系。在海外引才工作中，各地各部门相继配套出台了配偶安置、

子女就学、住房、医疗等服务政策，建立服务窗口、服务中心等办事服务机构，帮助人才解决后顾之忧。另一方面是加强文化的吸引力。浓厚的创业氛围对于那些处于创业初始阶段的中小型公司至关重要。硅谷成功的关键不仅仅是技术、人才、资金等要素的简单组合，更重要的是博大精深的硅谷文化。正是依靠这种文化，推动了硅谷地区经济社会的高速发展，形成了独特的硅谷模式。硅谷文化不可能完全移植，但可以借鉴和发展。可见，打造一个有利于人才扎根的土壤，除了有简化明了的办理机构和处处为投资者设想的服务外，更为重要的是要为企业创造良好的政策环境、投资环境和发展环境。只有这样，才能让引进的人才具有归属感和安全感，让他们愿意长期扎根，为我国的科技进步和社会的发展作出贡献。

四、局部突破成为策略选择，以园区为载体的政策创新活力涌现

人才集聚是十分重要的人才开发战略，它强调的不是单个人才，而是将人才作为知识载体，基于知识外部性和共享性实现人才的区域集聚。在欧美发达国家，通过自由市场的引导和政府的主动调节，一些区域构建了人才集聚的智力库，形成人才高地。作为全世界最为成功的高科技园区，硅谷给各国提供了一种新模式。硅谷有多所研究型大学，如斯坦福大学和加州大学伯克利分校，特别是斯坦福大学对硅谷的形成与崛起有举足轻重的作用。硅谷内60%～70%的企业是斯坦福大学的教师与学生创办的。由于硅谷与斯坦福大学等研究型大学为邻，人才之间的信息交流频繁，协商解决问题的效率高，科研与生产也结合得很紧，从而使科研成果能够迅速转化为生产力。多年来，硅谷坚持大学、科研机构与企业之间相互依赖、高度结合的信条，已被实践证明是开发高技术与发展高科技产业的一条康庄大道。

近年来，我国各地也意识到了人才集聚的重要性，掀起了一波"人才特区"和"人才管理改革试验区"的建设热潮。可以说，从经济特区热，到人

才特区热，反映了政府乃至全社会对人才开发的高度重视，体现了各地发展理念的转变。但是，必须要看到，各种版本的人才特区与真正意义上的人才集聚区域系统还有一定的距离，这表现在人才集聚的宏观环境与微观环境尚未真正完善：一方面，促进人才集聚的宏观因素，包括教育发展水平、公共设施完善水平、当地的人文环境、就业机会、相关科研机构数量、著名高校数量等方面的不足提高了人才流动的社会成本，影响了人才集聚的效益；另一方面，收入、社会保障、住房以及生活环境等微观因素同样阻碍了人才的流动与集聚。在未来，只有在人才管理体制、人才激励机制、人才交流机制、人才合作机制、人才开发投融资机制上积极创新，才能真正建立起具有国际竞争力的人才区域集聚系统。

第二节　我国海外引才政策创新的基本原则

结合新时期海外引才的发展新趋势以及我国实施人才强国战略，着力推动高质量发展的现实需要，我们要重新对海外人才政策进行战略定位，以前瞻性思维和务实性举措来推动政策创新。未来海外引才政策创新的基本方向应着重向法治化、市场化、系统化、精细化和生态化发展。

一、法治化原则

"坚持全面依法治国"已经明确成为中国发展的重要方略。海外引才政策的制定，更加要强化人才法治环境建设的理念。在中央顶层设计的基础上，各省市要依据自身发展特点和未来阶段性目标，主动编制人才发展规划、探索人才立法、完善人才制度，不断优化人才工作法治环境的维护工作，在人才工作和人才队伍建设过程中形成规范化、程序化、法制化的人才资源开发轨道。

改革开放初期的人才引进，靠的是打破计划经济体制束缚，解放和发展生产力。当前我国对高层次人才的迫切需求，要求尽快形成一套系统完备、科学规范、运行有效的制度体系，抢占新一轮发展的战略制高点。营造法治化环境，是持续发挥人才政策吸引力的重中之重。

当前，很多地方还存在着依赖领导意志的人才工作理念，依靠领导重视人才工作，才能够保障地方引进人才的力度和效果。其中隐藏着的最大风险就是"人存政举、人走政息"，即随着领导离岗换位，人才引进计划或项目很可能就偃旗息鼓。现如今，重视人才已经不是某一地方领导的执政风格或个人偏好，新形势要求地方发展须以人才为核心，用制度、法治的手段加以约束和保障，将人才引进工作加以固化。制度才是最好的伯乐，稳定并且适合时代发展要求的法治化环境是海外引才政策创新的战略性目标。推进人才体制机制改革，要突出法治思维和方式，使法治成为吸引人才的最大公约数。

吸引人才，特别是吸引海外人才，归根到底必须让法治发挥基础性作用。当前，政府主导的引才工作实质上变成了指标化、特殊化的竞争，例如直接提供办公场所和家庭住房、直接提供配偶工作岗位、由政府部门直接提供创业创新服务等，只是为了引才而引才展开的奖励竞赛。推进制度规则的深刻变革，打造一个公平、公开、公正的法治环境，形成"办事不找人，找人也一样"的环境，透明的规则和稳定的期望，比一时的优惠政策更加重要，这是推动海外引才政策创新的刻不容缓的事情。

二、市场化原则

面对全球化的市场竞争压力，海外引才不能一味地依靠行政力量解决和拓展，需要探索市场化的发展道路，厘清政府与市场的边界。特别是政府该管的要坚决管好，不该管的要大胆放手，将市场的力量放大，越来越注重发挥市场的决定性作用。过去，政府的视角决定了引进海外人才的质量，局限了人才引进的广度和深度。当前各种海外引才政策版本的通病是，政府越俎代庖，习惯于行政推动，盲目追求高层次人才的数量，忽视了企业主体、市场中介的"鲶鱼"作用，造成人才规模"虚胖"、实际质量不高的局面。

市场化的战略定位目标要求在海外引才政策的具体制定过程中，要创新理念思路，积极尝试引入市场机制，充分发挥政府、用人单位和人才服务机构的三重作用，以"购买服务"的形式，委托国内外各类专业机构定向搜集人才信息、招聘特需人才将引才权力下放到实质性接触关键人才的最前线。充分发挥民间组织机构的积极作用，如建立人才研究机构、专业人才选拔机构等研究型单位，在主导人才问题研究的同时起到猎头作用，瞄准合适人才配套适当引进政策，实现多方共赢。用市场化配置的方式主动猎取急需紧缺的海外高层次人才，可以实现海外人才引进的有的放矢和高端人才的"靶向"引进。

与此同时，海外引才还要充分发挥社会的作用，将引才工作融入到社会参与、政治参与的细节中去，充分调动人才的主动性，使得海外人才来到国内后能够全面融入社会，创造最大的社会价值。人才市场化的重点，一是培养发展一批国际化、专业化的人才资源服务机构，使之能够应对市场的突发情况进行实时的战略调整以适应社会的要求；二是必须做到观念上的变革、机制上的突破以及手段上的创新，创造优质的人才成长环境，建立留住、使用、培养高层次人才的制度化机制，根据市场水平，改革海外人才的薪酬待遇分配，使得薪酬具有市场竞争力的同时向重点岗位倾斜，保证海外人才的工作效果和企业的运营效益；三是提高人才的流动性、契约性和交易性。目前，户籍制度、人才身份制度、人事管理制度还在制约引进海外人才工作，真正实现国际人才流动配置的市场化还需要一个长期过程。

政府要从引才引智的具体事务中逐步解脱出来，重点加强宏观管理和服务保障，突出创造环境、引导方向、提供服务。同时要加快建立与国际接轨的人才服务体系，一方面培养一支具有较好政治素质和业务水平，具有全球视野、通晓国际规则的政府人才工作队伍；另一方面要加快市场化改革，积极推进人才服务产业的对外开放，让政府和市场"车之两轮""鸟之两翼"都转起来、飞起来。

三、系统化原则

我国要从世界范围内吸引优秀的人才，仅仅依靠单一的人才引进政策是远远不够的。人才不仅要"引得进"，还要"留得住"，更要"用得好"。要逐步建立起包括人才教育培养、人才使用和人才保障等方面的政策法规体系框架，充分发挥教育政策、科技政策和社会保障政策等的配套功能，使引才政策系统化和体系化，避免碎片化或项目化。其中，教育政策为人才的教育培养起到了至关重要的作用，关系着人才的数量和质量；科技政策为人才的创业和创新提供了必要的条件；社会保障政策则是为引入人才的生活方面提供了必要的保障。这意味着，海外引才的关键在于为他们搭建起能够施展才能、创新创业的高水平事业平台，创造良好的工作环境和生活条件。

系统化意味着引进人才的结构要均衡，要加大非华裔人才、技术型人才、管理型人才的引进力度。引进海外非华裔外国专家就是要充分运用他们的海外学习和生活经历，特别是在国外著名高校、科研院所担任相当教授职务的专家学者，在国际知名企业或金融机构担任高级职务的专业技术人才和经营管理人才，拥有自主知识产权或掌握核心技术的创新创业人才等国家急需紧缺的高层次外国专家，能够为国内人才素质培养提供有益的精神养料。引进技术型人才、管理型人才则更加注重他们的工作经验，能够在日常的工作点滴中渗透先进的技术要求和管理理念。

四、精细化原则

精细化是海外引才政策创新的必然趋势，精细化要求主要从三个方面体现：

一是要建立起引资和引智相结合的联动机制。招商引资强调以经济资本构建地区硬实力，而招才引智则更加关注高层次人才的智力知识软实力支撑。在地方发展的过程当中，这两部分密不可分，需要把海外引才的系列工作纳入到党委政府的综合绩效考核以及开放型经济考核体系中来，借助招商机构的现有条件，积极拓展联络渠道，打造招商队伍的招才引智功能，实现互利共赢。

二是要重点抓好海外引才的基础工作。人才引进并不只是单环节的阶段性工作，需要形成规模体系以完善地区海外引才政策落实目标。要按照"分级分类、共建共享"的原则，实时收集各类信息资源，建立起企业人才需求信息库、民营企业投资人库以及海外高层次人才大数据信息库，并针对重要领域、重要行业进行实时追踪，了解最新进展，打造动态更新、定期发布的共享平台，实现无缝链接的信息匹配途径。

三是要全面拓宽海外引才渠道。以才养才的奖励政策要落到实处，切实满足高层次人才工作、生活的直接利益，加强与海外中介机构、协会组织的日常联系，通过建立海外引才联络站、聘请海外"人才大使"，畅通多元化海外引才渠道。

五、生态化原则

"橘生江南逾淮为枳"。生态化，就是要明确人才个体、人才种群、人才生存环境之间关联性，通过构筑良好的人才生态环境，使环境与人才相容。具体包括以下四个方面的内容：

第一，满足人才的个性化需求，提高人才的自适应能力。海外人才脱离了原先的环境来华或回国，首先需要适应本土环境。在特定的区域环境下，人才能否扎根下去，取决于其各个方面的需求能否满足，这包括状况良好的待遇，和谐的人际关系，能够在特定的组织中作出贡献，实现自身价值等。

第二，人才种群共生合作，和谐相处。海外人才包括不同种类、不同专业，形成了类型多样的种群，如从商、从政、从事学术研究和科学研究的群体。这些人才种群之间会相互影响，只有构建一种协作、共生的关系，才能实现不同人才种群的知识与技能互补，促进种群之间的共同发展。

第三，生存环境与人才相容。人才生存环境包括人才培养机构、人才投资机构、人才使用机构、人才流动平台以及政治、经济、文化等方面的因素，是与薪酬福利、资金、住房、设备等硬件条件相对的软环境，是指适宜海外人才创新创业和定居生活的社会条件。近年来，人才引进的"软环境"建设或称为"软设施"建设越来越引人关注，对人才功能的正常发挥产生着重要的影响。与此同时，文化软环境对吸引人才的作用越来越明显，通过各种方式让海外人才加深对中国历史和文化的了解和认知，实现在思想和感情上的融入成为提升我国软环境建设水平的重要一环。

第四，产业环境与人才相容。人才与产业是一个互为依存的"生态系统"，只有人才链与产业链、人才群落与其生存的产业环境协调共生，人才资源才能变成可以创造价值的动态生产力，发挥其在社会财富创造中的聚变功能。因此，引进海外人才，必须优化主导产业的生态环境，为人才群落的生长和开发提供合适的水土资源、阳光和空气，通过紧密的产业关联、丰富的社会资本、共享的资源要素、庞大的产业集群，为相关人才提供大显身手的平台。

总之，在大规模、高标准的海外引才政策实施之后，能否为高层次人才提供宽松、舒适的工作、生活环境，使其感受到回国（来华）工作的温馨氛围，充分实现自我价值，是决定引才政策最终能否体现效益的关键所在。

第三节 我国海外引才政策创新的实施路径

当前，在经济高质量发展的大背景下，人才是第一资源，创新是第一动力。面对新发展格局，我国的海外引才政策体系亦需要进行转型升级，从原来只注重个别领域、个别层次的单一性政策，走向内生性、基础性的综合政策体系。本书认为，海外引才政策的实施路径要从过去的政府直接参与转向引导、鼓励和支持市场发挥决定性作用，充分发挥用人单位的主体作用，主动利用市场中介服务机构的市场化作用，积极调动民间组织和社会机构的活力，将涉及人才活动各个方面的服务要素整合起来，形成一个联系紧密的升级版引才政策创新体系，为人才提供集群服务以及全方位的支持。

一、理念创新：统筹利用国际国内两个市场、两种资源、两类规则

加快形成具有国际竞争力的人才制度优势，增强人才政策开放度，聚天下英才而用之，是在国际人才竞争的制高点上，从全球视野下进行谋划的人才工作理念上的重大进展。

第一，要树立"在全球70亿人中挑选人才"的全局意识。要想实现高水平对外开放，首先要推进人才的高水平开放。这句话道出了人才的对外开放在国家整体对外开放中的地位和作用。对外开放是多面向的，包括经济、政治、文化以及人才的开放。多年来，我国统筹利用国际国内两个市场、两种资源、两类规则，积极参与国际经济技术合作和竞争，取得了举世瞩目的发展成就。但是，与其他领域相比，人才的高水平对外开放仍显不足，成为推进我国对外开放的一块"短板"。

第二，要树立大规模"引进来"和"走出去"相同步的"人才环流观"。我国要积极融入全球创新网络，就必须坚持"引进来"和"走出去"相结合，注重在国际合作中实现人才的对外开放。实践证明，引导跨国公司迁入其全球或区域研发中心，鼓励国内企业通过并购获得境外技术、专利、品牌和其他知识产权，积极参与或牵头开展国际性重大科学工程项目，都有力于推动人才的创新对话和合作。人才的对外开放不仅限于单纯的人才交流互动，经济合作、科技合作越来越成为人才对外开放的重要渠道和载体。在我国"大规模走出去"的背景下，我们要转变"为我所有"的人才引进观，树立"人才环流观"，双向打通人才"引进来"和"走出去"的通道，在大规模引进国外人才智力的同时，鼓励更多的国内人才走出去，学习国外先进的知识和技术，同时健全完善留学人员归国服务机制和政策保障，为选择在海外发展的留学人员打开更大的"报国之门"。

第三，要树立全方位推进创新要素国际流动的新型引才引智观。引进人才的核心和出发点在于人才所承载的智力和技术，在各类创新要素加速流动的背景下，智力的流入并不一定要以人才为载体，资本、技术、科技的流动也会带动智力资源的流动。我们要全方位加强国际创新对话与合作，提高创新要素的开放度，通过科技和经贸的国际合作以及文明的交流互鉴带动人才和智力的引进。

第四，转变"摘桃子"式的引才理念，将人才引进"战线"前移，重视吸引外国留学生。以留学生为主体的青年人才越来越成为西方国家争夺的重点。当前我国大学的对外品牌意识、为留学生服务意识等还十分欠缺。虽然一些高校也曾积极到国外举办留学展，但高等教育国际化程度仍然不够。我国应积极整合各种资源，提升来华留学生政策开放度，扩大外国留学生规模，为优秀外国留学生学成后在我国创新创业创造条件，建立海外留学人员创业启动支持资金和创业基金，积极引导、吸引重点领域、行业急需紧缺专门人才来华留学创业。

第五，树立与国际接轨的工作理念，打通国际国内两种规则。开放需要建立在规则统一的基础上，当前我国面临的一个重要瓶颈就是有些政策难以与国际通行惯例接轨，导致人流不动、才引不进，徒叹奈何。下一步的工作应着力在居留签证、税收优惠、创业扶持、股权激励、资格互认、社会保险、医疗服务等方面实现突破，让制度有效对接起来，真正使人才来得了、待得住、用得好、流得动。

第六，强化协同整合的政策创新理念，从制度上解决政策"碎片化"问题。改革开放以来，我国先后设立了一批科技计划（专项、基金等），为增强国家科技实力、提高综合竞争力、支撑引领经济社会发展发挥了重要作用。但是，由于顶层设计、统筹协调、分类资助方式不够完善，现有各类科技计划（专项、基金等）存在重复、分散、封闭、低效等现象，多头申报项目、资源配置"碎片化"等问题突出。下一步，应以国家深化人才体制机制改革为契机，加快捋顺相关部门职能配置，完善引才引智政策创新的顶层设计，抓好统筹协调，做好各环节政策之间的衔接配套，从而确保政策的有效落实。

二、主体创新：增强海外引才主体的多元协同

经过多年的大力推动，我国海外引才政策体系不断完善，但还存在政策体系的碎片化、政策竞争的同质化、政策优惠的公平性以及政策工具的行政化等问题。导致这些问题的一个重要原因在于政策主体多元分散，人才管理部门之间缺乏清晰的法定职责界限，政出多门的情况时有发生。这种多元分散的政策主体架构制约了引才政策的整体创新，不利于形成创新合力。因此，有必要重新审视政策创新主体，一方面整合和协调好各部门职能，形成部门间协同创新的局面；另一方面吸纳市场与中介组织成为新的政策创新主体，形成多元共治的良好格局。

（一）更好发挥中央政府在引才政策创新中的统领作用

着眼于当前我国引进海外人才政策创新中存在的合力不足、开放度不够等问题，有必要加快构建一个中央统筹管理的，以实施更加开放的人才政策为目标的政策创新总平台。

第一，加快出台海外引才的综合性指导文件，提高政策创新的统领性。从上文的历史回顾中我们看到，自1983年中央印发《中共中央、国务院关于引进国外智力以利四化建设的决定》《国务院关于引进国外人才工作的暂行规定》以后，几十年来，中央并未出台新的关于引进海外人才和智力的综合性文件。然而，过去这几十年，我国经济社会发展发生了巨大变化，引进海外人才面临了一系列新变化、新挑战，尤其是当前我国经济发展进入高质量发展新阶段，建设世界重要人才中心和创新高地对引进人才提出了新要求，亟需从国家总体战略需求层面出台海外引才的综合性指导意见，研究未来一段时间内海外引才工作的指导思想、基本原则、主要目标、重点领域以及政策措施，确定不同产业领域、不同管理领域的海外人才引进战略和策略。

第二，建立海外引才的综合决策咨询平台，提高政策的公平性。为减少海外人才政策的"部门化"和"碎片化"现象，使海外引才政策更加具有整体性、全局性和战略性，需要统筹规划海外人才引进所涉及的政治、社会和经济体制改革，充分利用各种体制内外智库的力量参与有关政策的前期调研，提供咨询意见。海外引才政策的成效评判不能由政府"自说自唱"，需由社会化专业力量实施第三方评估，加快探索建立第三方政策评估平台，强化海外引才政策落实的监督、推动，打通政策落实的"最先一公里"和"最后一公里"，不断提高政府的公信力。

第三，加强与其他政策的"耦合"，提高政策创新的衔接性。引进海外人才政策不是一个独立的存在，一方面与其他人才政策相关联，另一方面与财税、金融、教育、科技等其他政策相联系。因此，我们要站在更高的政策视野中去思考引才政策的创新问题，重视引才政策与其他政策之间的关联和衔接。只有相互一致和相互支持的制度安排才是富有生命力和可维系的。否则，精心设计的制度很可能会高度不稳定。与引才相关的政策应该"耦合"为一个整体，相互贯通，相互支持，避免碎片化。为此，要对现行的人才政策进行调研和梳理，加强人才政策的统筹整合和前瞻性设计，为各类人才量身定做相应的引进、培养、使用、激励等系统性的政策支持，加强与其他政策的协调配合，形成层次分明、结构统一、相互衔接、科学高效的人才政策体系，切实增强政策实施的合力效果。

（二）夯实地方政府在引才服务政策创新中的积极性

地方政府是政府创新的重要活力来源，在引进海外人才政策创新中，有效发挥地方政府的活力和积极性是推进政策创新进程和成效的重要一环。从中央政府和地方政府的职能分工来看，地方政府职能更多是在提供公共服务方面，加大在人才服务方面的政策创新。在创业服务政策方面，地方政府应当积极使用各种政策工具来满足创业活动对"动机""机会"和"技术"的要求，并围绕政策目标构建创业政策衡量框架，包括创业促进、创业教育、启动环境、创业资金、商业支持、目标群体政策六个方面。这些创业政策在降低进入壁垒、减轻资金约束、加强支持服务、提高目标群体创业的存活率方面发挥重要作用。例如，通过建设和完善各类开发区"创业园""示范园"等载体，为海外人才的创业提供资金、税收、用地、用房等方面的"一条龙"服务，解决其后顾之忧。在生活服务政策方面，地方政府应进一步做好配套措施，如配偶安置、子女就学、住房、医疗等服务政策，建立服务窗口、服务中心等办事服务机构，帮助人才解决后顾之忧。优化完善我国人才生活发展环境，从行政性服务逐步转变到市场化服务，以法制为保障，以市场化为手段，调动各方面力量为人才创新创业打造良好服务平台。

（三）扩大各类园区在引才政策创新中的示范作用

从政策传播理论看，政策创新往往是先由局部地区先行先试，形成经验，取得成效后再"传播扩散"至其他地区。各种类型的高新技术开发区、经济开发区、管理改革试验区、科技园区已经成为我国重要的引才政策创新主体。引才的人才必须高度密集，形成"智力库"，才能发挥最大的聚变作用。作为引才政策创新主体的各类园区，其主要功能在于集聚特殊类型的人才，满足超常发展、跨越发展的需要。未来我们要进一步发挥各类园区作为政策创新主体的优势，扩大其在引才政策创新中的引领和示范作用。

第一，通过企业孵化器、创业服务中心、大学科技园、留学人员创业园、院士工作站、博士后科研工作站、工程技术中心等多样化的科技创新平台，为吸引海外高层次人才创新创业提供广阔空间。要以高新园区为依托，建立"基地、项目、人才"一体化的创新体制，形成风险共担、利益共享、权责明确、合作紧密的产业技术创新联盟，最大限度地挖掘和发挥人才的价值。

第二，要探索建立各种创业型学院或大学，组建包括研究者、教师、学生、校友和社区紧密连接的网络系统，使技术研发和创新创业人才培养有机结合起来。

第三，培育有利于人才集聚的创新创业精神。硅谷鼓励冒险、包容失败的精神传统，激励了无数勇于创新的人才前来淘金。目前，我国一些科技园区在培育独特文化精神和创业环境已经取得了初步的进展，例如，中关村既有车库咖啡等一批以创业融资为主题的咖啡馆外，还有像创新工场这样为创业者提供商业、技术、市场、人力等以服务为主体的平台，以及创投圈这样以投融资为主要目的的社交网络，和常青藤创业园等为创业企业全方位介入服务的民办非盈利孵化器等，未来要进一步鼓励和支持企业家创新创业精神的培育。

三、客体创新：加强海外引才的靶向性和储备性

当今世界，新一轮科技革命和产业变革正孕育兴起，世界各国对人才的需求，尤其是对高端人才的需求不断增加，国际人才竞争日趋激烈。西方发达国家过去一段时期在"人才争夺战"中取得成功，很大程度归因于其战略导向的"人才竞争"，即围绕国家竞争力的提升和重大发展战略开展国际人才竞争，明确不同阶段的引才引智重点和方向。无论是其早期为弥补劳动力不足而吸纳移民，还是为提升国家创新能力而在全球吸引优秀人才，其背后都是国家战略和国家利益的驱动作用。

在创新战略的驱动下，这些国家将引进人才和智力的重点纷纷转向创新人才，大致形成一种"金字塔"形的创新人才梯队。其中，金字塔内的底端是支撑科技创新的技术人才和高技能人才，中端是衔接科技创新和市场的科技型企业家，顶端是实施具体创新突破的战略科学家。党的二十大报告指出，加快建设国家战略人才力量，努力培养造就更多大师、战略科学家、一流科技领军人才和创新团队、青年科技人才、卓越工程师、大国工匠、高技能人才。就我国引进海外人才政策客体创新来看，下一步需要着重加强靶向性和储备性两个方曲的特点：一是针对顶尖人才要主动出击，加大对本土人才队伍的"输血"力度；二是针对其他层次人才要加强储备，增强人才"造血"功能。

（一）加大对顶尖人才的"靶向性"引进

我国流失的顶尖人才数量居世界首位，其中科学和工程领域的海外滞留率平均达87%。这个现象值得我们深思：在大力建设创新型国家、实施创新驱动发展战略的大背景下，为何仍有那么多出国留学的顶尖人才滞留海外？我国近年来实施的"千人计划"等各种类型的人才引进工程，在吸引海外人

才上取得了显著的成效，但是顶尖人才的数量还偏少，吸引顶尖人才还任重道远。那么，如何吸引顶尖人才，并使他们长久留下来呢？欧洲议会有关部门总结和归纳了影响顶尖科学家流动的重要"吸引因子"，得出了三个重要结论：首先，环境是首要影响因子。顶尖科学家更倾向于选择学术声望好、整体研究水平高、行政干预少、能够潜心进行研究的科研机构。如果从事应用研究，他们更希望所在机构的工作与高新技术产业联系紧密。其次，要有充足、灵活、容易获取的研究经费。相关研究经费要相对容易获取，使用和管理要有较大的灵活性，并可以用来资助有潜力的博士生和博士后研究人员。再次，顶尖科学家并不特别看重薪酬和生活环境。招聘、签证、移民规则和语言文化等因素发挥的作用非常有限。上述建议虽然具有一定的局限性，但也给我们带来两点启示：

第一，定向瞄准，主动出击，大力网罗符合国家长远发展战略的顶尖人才。当前我国面临着人才资源规模结构不合理、科技创新能力不够强等困境，需要将引进人才的重点更多地聚焦于国家重大战略任务，面向世界科技前沿、面向下一代产业重点吸引战略科学家、世界级科技大师，孕育科技和产业竞争的非对称优势。在创新活力效能转化方面，为更好地打通科技成果产业化"最后一公里"，应重视引进企业家，尤其是战略企业家作为创新的组织者、推动者，在把握创新方向、凝聚创新人才、组织创新活动方面的关键作用。现在大多数企业家对创新活动的认识不足、重视不够，更多考虑的是短期的成本和收益，对产业和科技发展趋势研判不足。因此，我们需要更加重视引进能较好融合创业和创新的战略企业家，推动产业链向高端迈进。

第二，加大对全职引进的海外顶尖人才的政策支持力度。顶尖人才的引进贵在精、尖，而不在多，这部分人才所带来的长远价值和示范效益，将远远超过其投入本身。因此，应该探索实施海外引才的"皇冠"或"明珠"工程，针对全职回国的顶尖人才提供超过国际惯例、持续多年直至退休的工资水平和科研经费，给予他们在获得、使用和管理经费上的更大自主权，包括可以使用研究经费培养和资助有发展潜力的科研人员等，在创业就业、职称评定、个人职业发展等方面提供与国际接轨的一站式服务。

（二）加大对国际留学生的"储备性"引进

不同层次、种类和特长的人才共同构成一个庞大的人才生态系统。目前，发达国家已经将"人才国际竞争"的"火线"前移，即加大引进具有培养潜能的留学生，通过本土的再教育、再培训，使他们成为符合其需要的人才。我国海外引才政策的客体，既要瞄准顶尖战略科学家人才，也要积极储备青年科技人才和高技能人才，从而组建庞大的人才队伍基石。

四、内容创新：不断提升引才政策开放度

对外开放是多面向的，包括经济、政治、文化以及人才的开放。我国统筹利用国际国内两个市场、两种资源、两类规则，积极参与国际经济技术合作和竞争，取得了举世瞩目的发展成就。但是，与其他领域相比，人才的对外开放仍显不足，成为推进高水平对外开放的一块"短板"。近年来，加快引才政策内容创新，增强人才政策开放度已经上升为国家的战略选择。要增强人才政策开放度，广泛吸引境外优秀人才回国或来华创业发展。

新的历史发展阶段下，我们要从更高的站位去理解人才的对外开放，将开放的理念贯穿于人才工作的全链条。一是加快形成与国际接轨的海外人才服务体系。人才引进需要建立在规则统一的基础上。当前我们面临的重要瓶颈就是有些政策难以与国际通行惯例接轨，导致人流不动、才引不进。为此，我们必须加强人才引进的顶层制度设计，移植并转化一些国际先进的人才搜寻、培养和使用政策和制度。下一步应着力在居留签证、税收优惠、创业扶持、股权激励、资格互认、社会保险、医疗服务等方面实现突破，让制度有效对接起来，真正使人才引得进、留得住、用得好、流得动。二是以改

革为契机，加快推进与现代国家治理体系相适应的人才管理政策创新。开放倒逼改革，改革助推开放。要通过人才管理政策创新，进一步转变政府人才管理职能，减少直接干预，为用人单位主体作用的发挥提供充足的空间。政府不能成为直接的引才机构，要从引才引智的具体事务中逐步解脱出来，在推动体制改革和行政事业单位改革的同时，逐步转变成为一个鼓励和支持引进海外智力的交流平台，重点加强宏观管理和服务保障，突出创造环境、引导方向、提供服务，使引才工作做到公开、公平和竞争。三是要创造国际接轨的综合配套环境。综合配套环境包括硬环境和软环境两大类，在硬环境方面，随着我国研发经费投入的不断增加，近年来已经得到很大的改善，不少科研机构的仪器设备、薪酬待遇等硬条件已经接近甚至媲美国外一流科研机构的水平，但是软环境还存在较大差距。例如，国内的职称评审、科研立项、经费支持的行政色彩仍然过于浓厚，学术民主、科研自由的氛围还不够，这对于顶尖人才而言恰恰是最重要的东西。因此，我们必须改革职称评定、科研立项等制度，减少行政干扰，建立宽容、多元、民主和自由的综合配套环境，创造更好的条件让顶尖人才安心开展基础研究或前沿创新工作。

目前，全球化的创新网络已经不能仅仅依靠行政力量加以把持，掌握更多专业化知识的团队和个体必须得到重视，依靠知识禀赋形成吸引海外人才的专属优势。要实施"人才本土化"战略，鼓励我国本土的跨国公司设立海外研发机构网罗研发人才，海外兼并企业招聘高级经营人才，集聚全球高层次人才。政府要善于通过各种间接方式构建软环境，通过举办高水平的国际性学术会议，邀请外国科学家参观讲学，开放一些重要实验室等方式来吸引海外人才到中国参加研究或短期访问，并给予相应补助和奖励，最大限度地获得高层次人才的知识经验和前沿成果。

（一）创新海外人才激励政策

激励政策可以说是引进海外人才政策的核心内容。从人才国际流动的动机来看，税收优惠、薪酬待遇、股权和期权收益以及精神激励是海外人才重点关注的四大方面。

1.税收激励政策创新

税收政策因其直接影响着人才的经济利益，因此是引进海外人才政策创新的重要内容。由于中央统一的税收政策难以突破，过去一段时间，不少地方通过补偿、奖励等税收返还的方式对引进的人才"变相"降低税赋，起到了立竿见影的作用。但是，从长远来看，这种做法只能算是"权宜之计"，仍需在可能的范围内研究制度化、规范化的税收优惠政策。

就我国当前的情况而言，税收优惠政策创新的着力点应放在以下几方面：一是研究海外人才技术转让所得税优惠政策，充分利用好国家科技成果转化引导基金，加大对海外人才开发的新技术、新工艺、新产品应用推广的支持力度；二是研究采取以奖代补、贷款贴息、创业投资引导等多种形式的税收优惠政策，完善和落实促进海外人才从事科技创新和新技术转化的需求引导政策；三是研究有关鼓励企业引进海外高层次人才或是引进国外先进技术的税收优惠政策。

2.薪酬激励政策创新

由于引进的海外人才大部分都是掌握先进技术以及高水平创新能力的人才，因此薪酬待遇如何核定一直是困扰我们的难题。尤其是那些进入体制内用人单位的海外人才，其薪酬待遇如何既能充分体现其个人价值，又能与普遍适用的薪酬体系相兼容，这一问题一直没能得到很好解决。借鉴国外经验，实现海外人才薪酬市场化乃是大势所趋。所谓薪酬市场化是指由市场供需关系调节海外人才的个性化"身价"，在引智的薪酬设计中加大创新力度，区别不同的职业和岗位贡献，实现一流人才一流待遇，做到以价值体现人才价值，以财富回报人才财富。引才政策要与国际接轨，首当其冲的就应当是形成与国际接轨的人才薪酬管理体系，逐步推行项目制薪酬、成果薪酬和价值评价薪酬等国际惯用契约制度，实现人才薪酬分配形式多元化，形成秩序规范、注重公平、监管有效的市场化薪酬制度。

3. 股权期权激励政策创新

在激发引进人才的创新创造活力方面，我们一直陷于驱动乏力的困境。究其原因，关键是我们过去缺乏有效的期权股权激励，没能很好地将人才的创新创业成果与其收益挂钩。人才本人对于自己创造的科技成果没有处置权、收益权，这就难免造成科技创新以及成果转化动力不足的后果。下一步，我们要落实以人才驱动创新的根本目标，以海外人才为突破口，推进科研成果处置权和收益权改革，完善海外成果转化的股权、期权激励和奖励等收益分配政策，促进科技成果转化，让创造性劳动的价值得到更好实现。

4. 精神激励政策创新

除了物质激励之外，精神激励对于海外人才也不可或缺。需要强调的是，政府通过期权股权激励海外人才创新创造，但基础科学研究的积极性同样需要被激发。要加大力度支持鼓励那些甘愿"静下心来坐冷板凳"的基础科研工作者，在其他激励方式上向从事基础研究的海外人才适度倾斜。"友谊奖"是我国授予来华工作外国专家的国家级最高荣誉奖项，用以感谢和表彰外国专家在我国社会发展和经济、技术、教育、文化等建设事业以及人才培养中所作出的突出成绩和奉献精神。自1991年设立以来，"友谊奖"在海外人才中产生了很好的反响，一定程度上促进了我国的海外引才工作。下一步我们应在继续做好"友谊奖"的同时，加大创新，一方面完善奖励政策，建立公开提名、科学评议、实践检验、公信度高的人才奖励机制，在不同的专业领域增设面向来华（回国）海外人才的专门奖项；另一方面增强海外人才的参与感，允许他们参与国家奖励表彰评比，强化对海外高层次人才的奖励导向，对成就特别突出的外国优秀人才授予国家级功勋和荣誉称号。

（二）创新海外人才评价政策

当前全国各地如火如荼引才大潮中，"人才浪费"趋向值得警惕。过分看重"名头""帽子",追求高学历、高层次,硬性规定引进多少博士或者院士,引进人才不顾自身实际需要,好大喜功,讲排场、图虚名。这些问题的背后原因很大程度在于人才评价标准缺乏科学性。

人才评价标准就像一根"指挥棒",对引进人才的领域、层次起着导向和决定作用,直接影响引进人才发挥作用的情况。差异化设计不到位是当前人才评价标准的突出问题,人才引进仍然局限于学历、职称、资历、身份等传统人才观的人才评价机制,未能很好地体现人才的综合能力和专业水平。西方发达国家在引进人才方面存在两个层面的评价:一是准入性评价,主要是基于政府对国际国内两方面人才资源宏观调控的需要而对是否允许国外人才前来就业或创业进行评价;二是水平性评价,主要是对人才的专业技术水平、科技创新水平、创业项目前景以及岗位胜任力等进行综合性评价,主要是评价人才的层次以及能力水平。西方发达国家对人才的水平性评价通常是由用人单位主体开展,评价标准、评价程序的自主权均在用人单位,政府不设统一的评价标准,也不参与具体的评价过程。这很好地体现了用人单位在引进海外人才中的主体性作用。

就目前我国的海外人才评价政策而言,主要存在四个方面的问题:一是没有很好区分准入性评价和水平性评价,很多时候是以政府主导的准入性评价代替了水平性评价;二是评价主体错位,用人单位在水平评价中的主体地位未能得到很好发挥,评价与使用分离;三是准入性评价缺乏科学、系统的评价指标体系,随意性加大,评价标准较为粗放;四是专业性机构在人才评价中的支撑和服务不足。人才评价是一项专业性较强的工作,政府在准入性评价方面的主导性作用以及用人单位在水平性评价方面的主体性作用要得到有效发挥,都离不开专业性评价机构的参与和服务,目前我国在这方面基础还比较薄弱。

下一步,海外人才评价政策创新的重点应放在建立准入性评价与水平性评价相结合的评价体系上,以弥补国内人才资源不足为原则,尽快在国家层面制定基于海外人才准入评价指标体系，把好人才"准入关"，同时加快形成以用人单位为主体的水平性评价系统，全面放开职业资格认证准入和水平评价，除国家有专门规定以外，允许来华工作的外国人参与我国职业资格评价并取得相应资格。同时，逐步实现国外人才的社会化评价，采用国际通用的同行评价方式科学评价国外人才，发挥各类专业性机构在人才评价中的积极作用。

在科技型人才评价方面，应加快建立以科研能力和创新成果等为导向的科技人才评价标准，改变片面将论文数量、项目和经费数量、专利数量等与科研人员评价和晋升直接挂钩的做法，根据基础研究、应用研究以及产业化开发等不同类型科技活动的特点，注重科技创新质量和实际贡献，制定导向明确、激励约束并重的评价标准和方法，通过定量与定性评价相结合的方式对不同类型人才进行加权评价，重点突出其国际视野以及科技创新的领先水平、应用前景以及转化价值。其中，基础研究以同行评价为主，特别要加强国际同行评价，着重评价成果的科学价值；应用研究由用户和专家等相关第三方评价，着重评价目标完成情况、成果转化情况以及技术成果的突破性和带动性；产业化开发由市场和用户评价，着重评价对产业发展的实质贡献。另外，还要建立评价专家责任制度和信息公开制度。

（三）创新海外人才使用政策

海外引才工作成功与否，关键在于人才使用是否到位。在探寻合理化的海外人才使用政策支持的道路上，要转变用才观念，打破身份壁垒，以更大的气魄放手使用海外人才，给予其充分的空间参与到中国的发展和建设中来。

在确保国家安全的前提下，适度放宽对海外高层次人才的职业禁止，逐步开放一些重要岗位。探索专业技术人才和技能人才（执业）资格互认。对在某一领域具备突出技能和超凡知识结构体系的海外人才，要注重灵活审核，在专业技术领域和技能领域都予以合理认可，确保在人才的使用上不会因为僵化的制度约束而阻碍技术革新和知识进步，为最大限度地发挥引智工程的作用"开绿灯"。加快打造一批区域性创新创业平台。根据创新型人才的特点需求，进一步建设好留学生创业园、高新技术产业园、工业技术研究院以及其他各类产学研合作平台，拓宽海外人才使用空间。

（四）创新海外人才服务保障政策

创新人才服务政策的目的是为海外人才创新创业发展提供全方位、个性化、高品质的服务。一方面，要积极发挥人才服务机构的服务职能，在社会保障、就业创业、政策咨询、信息服务等方面为海外人才提供便捷和温馨的服务；另一方面，探索建立社会化人才档案管理服务系统，健全政府购买公共服务制度，加强对人才公共服务产品的标准化管理，充分发挥市场机制在人力资源配置中的基础性作用，将人才服务工作做到家、做进心，充分满足海外人才服务的多样化需要。

第一，制定人才服务业管理的"负面清单"。"负面清单"管理通过制度创新，将权力交给企业、放给市场，激发市场主体活力，进一步融入经济全球化要素。借鉴清单管理模式，对于实施海外高层次人才引进重大工程，增强对海外人才的吸引力和凝聚力具有创新意义。制定海外人才服务业管理的"负面清单"，可以从问题导入，针对反映普遍的签证问题、居住证问题，按照"非禁即入"原则，规定不能开放的事项，比如，规定不能签证的种类、规定不能随职业签证的家属对象、规定外国留学生不符合签证要求的类别、规定不能在本区办理出入境手续的情况、规定用人单位不能聘雇外国人从事的岗位、规定外籍人士不能申请中国永久居留的情况，等等。除此之外的，就要纳入人才服务管理范畴，全面支持人才服务政策的执行，为海外人才提供优质的工作、生活环境。

第二，提升对海外人才的公共服务质量。政府不仅要在政策上予以强化，更要在实际开展工作中广泛联系高等院校、科研院所、企业和各类人才机构，大力提升面向海外人才的公共服务水平和质量，推进落实专业技术职务任职资格的互认和衔接工作，积极开展异地人事代理，推进行政审批制度改革，简化审批程序、规范审批流程、降低收费标准，努力做到程序最简、时间最短、收费最低。特别是在社会保障领域，应建立人才产权制度，明确人才产权边界，逐步将人才的社保承办者由单位转向社会，让个人直接向社会投保，人才的福利、就业、社保都交给社会管理，尽快建立统一、连续、标准的社会保障体系，使人才流动不受社会保障的影响，促进人才合理流动，解除人才的后顾之忧。

第三，探索海外人才公共服务外包途径。在公共信息发布、人才吸引服务、人才培训服务、人才中介服务、呼叫中心服务、在线申报服务、校企合作服务、高端人才服务、人才生活服务、人才外包服务等领域完善工作模式，通过市场机制，提供公共产品和公共服务、市场服务，利用市场最优秀的专业化团队承接公共服务业务，提高公共服务效率，强化政府引智工程的核心竞争力和环境应变能力，达成海外人才公共服务供给的最佳模式。政府要做好引智工作中介机构的资质审查和管理工作，对机构设立进行审批，对机构资质进行复核，对经营情况进行验证，规范引进国（境）外人才的市场交易，结合人事执法活动开展市场清理整顿，制定并发布标准合同，通过聘用合同审查和争议仲裁保障双方的权益。统筹人才市场监管体系，通过信息跟踪、市场巡查、受理投诉举报等及时纠正和查处人才中介服务机构的违法违规行为，开展定期和不定期的人强法律法规和政策宣传，引导广大求职人员树立权益保护意识，提高维护自身合法权益的自觉性。

（五）创新海外人才"柔性"引进政策

除了"挖苗"式人才引进外，智力引进也是人才引进的重要方面。我国在未来引才实践中，应积极探索实行弹性政策，即聘请、阶段性聘用高科技人才为本地出谋划策。重点开展"大中企业科研院校行"活动，做好"走出去"和"请进来"两篇文章。把高技术企业的实验室、研究所办到先进发达地区、国内外的大专院校、科研院所里去，使高技术企业成为院校、科研单位成果转化的孵化基地和产品生产基地；聘请国内外专家和科技人员，担任高技术企业的技术顾问、总工程师，并通过与科研院所进行项目合作等方式，柔性引进紧缺急需人才和高层次人才。

五、工具创新：大数据引领海外引才工作实现迭代升级

大数据发展日新月异，我们应该审时度势、精心谋划、超前布局、力争主动。如今，人才工作决策也正由"经验感觉型"向"数据事实型"转变，人才数据资源已成为核心生产要素，数据掌控与挖掘成为国际人才竞争的关键环节。

海外人才大数据工作主要包括三方面内容：一是大数据助力实现"科学识才"。大力吸引海外人才首先要有一双识别人才的慧眼，只有科学识别人才，方能精准引进人才。在大数据技术应用之前，海外高端人才的识别与筛选是人才工作普遍存在的难题。由于人才相关数据信息的不充分不完整和对接不畅等诸多原因，引才主体很难获得所需人才的海量信息和对人才做出科学、客观的评价。大数据技术的出现和应用疏通了人才评价的技术堵点，通过利用大数据平台和专业分析方法，引才主体在甄选人才时可充分了解目标人才的地区分布、求职喜好等关键信息，从而更有针对性地定向引才，达到事半功倍的效果。二是大数据助力实现"柔性引才"。依据"不求所在、不求所有、但求所用"原则，以大数据技术发展应用为抓手，推动新时期人才聚集方式突破以往物理空间的限制，通过大数据平台实现远程强化人才与市场的双向对接，使得人才的流动方式更趋柔性，大大便利了各类人才通过技术指导、项目共建、合作研发、对口支持等多种方式，柔性引进"候鸟专

家"，打造"飞地项目"等，推动人才以更优配置、更准匹配和更高效的使用方式服务经济社会发展。三是大数据助力实现"跟踪服务"。通过对微观层面人才特别是高层次人才特征的深度挖掘，可以帮助人才构建行业性、区域性的"互联网＋"人才社区，定向推送求职、合作、融资、政策等信息，依托大数据技术的高效资源整合方式，在网络空间完成资源共享、传递、技术对接、成果推广，充分打通海外人才需求与供给信息不对称的痛点堵点。通过对海外人才的人格特质、能力特征、创业倾向、创业绩效等关键人才指标的测评，为人才建立个性化定制的人才数据模型，帮助其梳理职业轨迹、规划职业发展路径，使得创新创业服务更人性化、更精准、惠及的范围更广阔。

当前我国人才大数据发展主要面临数据分散、割裂，缺乏可靠的人才数据来源和专业的人才大数据服务平台等现实问题，导致对海外人才引进和使用在一定程度上还是"凭着经验跟着感觉走"，无法实施精准服务和有效评价。针对上述问题和挑战，本书特提出如下建议：

一是充分调动多方主体共同参与大数据库建设的积极性和主动性。形成政府积极引导、市场主体加大投入、社会组织适度参与的分工协作机制，以本土猎头、职业社交平台、企业、高校等市场主体为主，充分发挥市场力量，同时吸引专业智库等第三方机构参与。通过采集、存储、分析人才成长过程中的相关数据和信息，结构化构建人才成长档案数据库，建设分级分类的人才数据库，满足政府、企业、高校等不同组织需求。

二是积极打造人才大数据挖掘、交易和服务平台。强化对人才大数据的挖掘、整合以及数据分析等服务，分类构建海外高端人才、有潜力青年人才的脸谱画像，描绘人才在全球重点行业和重点领域的分布地图，构建产业和人才匹配大数据库，揭示人才的全球流动趋势。制定人才大数据交易的标准规范、服务规则、技术协议等，明确数据所有权、定价机制和交易底线，规范大数据市场交易行为，建立人才大数据的交易使用具体流程和制度，并建立有效的市场监管机制，形成科学的市场化运行机制，积极发展培育人才大数据流通市场。积极打造人才大数据服务平台，为人才发展提供全产业链全价值链综合服务。

三是建立多主体共享的海外人才大数据采集应用机制。充分调动用人主体的积极性，构建人才大数据供给与收益的平衡机制。首先，通过建立海外人才自我测评数据上传系统、人才数据自我管理系统、创新创业人才"以赛代评"等各种创新途径，使人才个体在产生数据的同时积极主动地分享数据，进而实现人才自身作为主体参与人才治理的生动局面。其次，要打破人才大数据不同主体之间的条块壁垒，尝试借助区块链技术，实现主体之间互通互联和数据保密的相互促进，真正实现人才链与产业链、创新链的科学匹配，有效提升人才决策的科学化水平。

参考文献

一、学术著作

1. 王辉耀. 中国国际移民报告（2020）[M]. 北京：社会科学文献出版社，2021.

2. 杨庆. 海外高层次人才引进效能评估与提升研究[M]. 上海：立信会计出版社，2019.

3. 毕革新，许召元. 我国高层次专业人才成长环境研究[M]. 北京：中国发展出版社，2018.

4. 高子平. 海外高层次科技人才流动与集聚问题研究[M]. 上海：上海社会科学院出版社，2017.

5. 吴江. 人才强国研究出版工程·人才战略实施丛书建设世界人才强国[M]. 北京：党建读物出版社，2017.

6. 王海芸. 我国企业科技人才吸引力研究[M]. 上海：上海交通大学出版社，2017.

7. 项凯标. 创新型科技人才评价体系研究基于心智模式改善的视角[M]. 贵阳：贵州大学出版社，2017.

8. 刘洪银，田翠杰. 我国科技人才政策实施成效评估[M]. 北京：中国社会科学出版社，2017.

9. 赵光辉. 人才发展学[M]. 北京：知识产权出版社，2016.

10. 鄢圣文. 主导产业人才集聚力研究[M]. 北京：中国经济出版社，

2016.

11. 周小虎，恢光平. 科技人才协同管理研究[M]. 北京：经济管理出版社，2016.

12. 杜红亮，赵志耘. 中国海外高层次科技人才政策研究[M]. 北京：中国人民大学出版社，2015.

13. 叶忠海，郑其绪. 新编人才学大辞典[M]. 北京：中央文献出版社，2015.

二、期刊论文

1. 秦健，周红莉. 推拉理论视野下中部地区高层次人才流动影响因素及治理分析——以ZZ市为例[J]. 决策科学，2022（2）：46-53.

2. 覃杰，陈子立. 国外高层次人才流动效应评估研究综述[J]. 高教论坛，2022（7）：121-124.

3. 魏彬，袁曦临. 高校高层次海归人才流动性研究[J]. 南京晓庄学院学报，2022（4）：74-79，123.

4. 梁海艳. 我国高层次人才工作变动影响因素及对策思考[J]. 曲靖师范学院学报，2022（2）：111-122.

5. 田永坡，李琪. 我国在人才流动及引才中发挥人力资源服务机构作用的政策与实践[J]. 中国人事科学，2022（6）：66-73.

6. 刘先红. 我国高层次科技人才流动的规模分布与空间格局[J]. 中国科技人才，2021（5）：31-40.

7. 聂映玉. 组织支持视角下高校海外高层次人才服务机制[J]. 中国高校科技，2020（3）：34-37.

8. 高子平. 大数据时代的国际人才柔性集聚：机理与模型[J]. 中国人事科学，2018（4）：57-66.

9. 郭薇. 人力资源如何资本化[J]. 当代经济，2005（8）.

10. 王成斌. 让人才发展现代化成为中国式现代化的活力源泉[N]. 光明日报，2023-1-16.

11. 胥效文. 航空科技人才评价体系与方法研究[D]. 西北工业大学，2003.

三、外文期刊

1. Hambrick, D. C., & Mason, P. A.. Upper echelons: The organization as a reflection of its top managers. *The Academy of Management Review*, 1984, 9(2): 193-198, 206.

2. Bhagwati, J.N.. The brain drain[J]. *International social journal*, 1976, 4(28): 691-729.

3. Broaded C. M.. China's response to the brain drain[J]. *Comparative education review*, 1993, 37(3): 277-303.

4. Piotr P. & Marko S. Labour migration from China to Europe:scope and potential[J]. *International labour organization and international organization for migration*, 2017.

5. World on move[R]. *Institute of International eduation*, 2008.